Christiane Weber

ANNA AMALIA

Mäzenin von Kultur und Wissenschaft

Impressum

Christiane Weber
ANNA AMALIA
Mäzenin von Kultur
und Wissenschaft

ISBN: 978-3-86539-697-6

Alle Rechte, auch die der Übersetzung, Vervielfältigung und Verbreitung
(ganz oder teilweise) für alle Länder vorbehalten.

© 2014 Weimarer Verlagsgesellschaft in der Fourier Verlag GmbH
info@verlag-weimar.de | www.verlag-weimar.de

Umschlagbild:	nach einem Ölgemälde von Johann Georg Ziesenis, um 1769
Schmutztitel:	Herzogin Anna Amalia und ihre Hofdame Luise von Göchhausen, um 1780

Umschlag, Layout und Satz:	Olga Bétoux, Weimar
Lektorat:	Silke Wehrmann-Fischer, Weimar

Printed in Germany

Inhalt

Anhang

Stadtrundgang

VORWORT

Sie war eine kluge und weitblickende, sehr energische, mitunter wohl auch rigorose Fürstin. Ohne sie hätte die Weimarer Klassik nicht stattgefunden. Die Nichte Friedrichs des Großen, galt als das charismatische Zentrum des Weimarer Hofes. Ihren literarischen und musischen Neigungen folgend, hat Herzogin Anna Amalia (1739-1807) viel zur geistig-kulturellen Atmosphäre im vorklassischen und klassischen Weimar beigetragen. Legendär sind ihre Tafelrunden, zu denen sie ins Wittumspalais einlud.

Wir wissen, dass sie das Theater und die Bibliothek förderte, sich selbst als Komponistin und Zeichnerin versuchte. Bekannt ist viel über ihre segensreichen Taten, aber kaum etwas über ihre Träume und ihre innere Gestimmtheit. Sie selbst hat der Nachwelt darüber kaum schriftliche Zeugnisse hinterlassen. Jenseits romantischer Verklärung bemühen sich in jüngster Zeit verstärkt Wissenschaftler, den Mythos Anna Amalia zu analysieren, der verbunden ist mit einer singulären Blütezeit des Geistes und der Kultur in Weimar.

Von 1759 bis 1775 übte Anna Amalia die Regierungsgeschäfte für ihren 1757 geborenen Sohn Carl August aus. Die junge Herzogin, Förderin Goethes und Bewunderin Herders, konsolidierte das Herzogtum, und sie trug die Sorge für die Erziehung ihrer Söhne.

Der Name Anna Amalia ist untrennbar mit einem der wichtigsten Archive der Weimarer Klassik verbunden – der Herzogin-Anna-Amalia-Bibliothek. Bereits 1691 als „Herzogliche Bibliothek" durch Herzog Wilhelm Ernst gegründet avancierte sie schnell zu einem wichtigen Sammelpunkt des zeitgenössischen Literaturbetriebes, der zu Anfang noch im Residenzschloss untergebracht war. Allein in den ersten dreißig Jahren wuchs der Bestand auf etwa 11000 Exemplare an und fand stetige Erweiterung. 1766 erfolgte auf Wunsch der Herzogin der Umzug in das sogenannte Grüne Schloss, welches ab 1775 durch Anna Amalias Sohn und den Erbfolger Carl August ausgebaut wurde. Anna Amalia selbst bereicherte die Bibliothek um zahlreiche Werke aus dem heimatlichen Besitz in Wolfenbüttel und förderte sie ein Leben lang. Herzog Carl August beauftragte 1797 Johann Wolfgang von Goethe mit der Oberaufsicht über die Bibliothek, welche dieser bis zu seinem Tod innehatte. Ihm ist es neben der spä-

Anna Amalia, Scherenschnitt eines unbekannten Künstlers.

teren Namensgeberin zu verdanken, dass der Bibliotheksbestand auf etwa 80000 Bände anwuchs und zu einem der wichtigsten Deutschlands aufstieg. Zwischen 1821 und 1849 wurde unter der Leitung des Architekten Clemens Wenzeslaus Coudray der Bibliotheksturm ausgebaut und ein Anbau im Norden des Gebäudes vorgenommen. Die Bibliothek erhielt so ihr heutiges Erscheinungsbild. Zum dreihundertjährigen Jubiläum 1991 bekam das historische Gebäude den Namen seiner einstigen herzoglichen Förderin.

Im Jahr 1998 nahm die UNESCO die Herzogin-Anna-Amalia-Bibliothek als Weltkulturerbe in das Ensemble „Klassisches Weimar" auf. Weitere 4 Jahre später wurde mit dem Bau unterirdischer Magazine zur Lagererweiterung begonnen, welche 2005 fertiggestellt wurden. In diese Zeit fiel auch der tragische Brand des historischen Dachstuhls, dem am Abend des 2. September 2004 abertausende klassische Schriften unwiederbringlich zum Opfer fielen. Die Wiederherstellung konnte jedoch vor allem durch großes öffentliches Engagement bereits 2007 abgeschlossen werden, sodass die Herzogin-Anna-Amalia-Bibliothek am 24. Oktober, dem 268. Geburtstag der Namensstifterin, ihre Pforten wieder öffnen konnte. Der Bestand umfasst bis heute annährend 1 Mio. Bände, die vom 9. Jahrhundert bis in die Gegenwart reichen. Seit 2005 wurde das Bibliothekszentrum überdies um einen umfangreichen Freihandbereich erweitert, der es jedem Interessierten ermöglicht selbst zu stöbern und der Leselust zu frönen.

Lesen bildet. Das wusste Herzogin Anna Amalia sehr genau aus eigener Erfahrung. In diesem Sinne soll dieses Büchlein dazu anregen sich mit einer bedeutenden Frau, ihrem Wirken und ihrer Zeit auseinanderzusetzen und auf ihren Spuren Weimar zu entdecken.

HERKUNFT UND TALENTE

Scheinbar achtlos ruht ihre rechte Hand auf dem Rücken des Hundes, der, um Aufmerksamkeit bettelnd, seine Vorderpfoten auf ihren rechten Oberschenkel stemmt. Doch die Nähe scheint Anna Amalia wenig zu rühren. Träumerisch verliert ihr Blick sich in der Ferne. Ganz entspannt, fast lässig, doch leicht melancholisch ruht die Herzogin in ihrem hochlehnigen Sessel, den linken Unterarm auf ein niedriges Tischchen gestützt. Sie ist eine kluge, tolerante und bis zur Selbstaufgabe disziplinierte Frau. Mit seinem 1774 gefertigten Porträt Anna Amalias erzählt der Künstler Georg Melchior Kraus dennoch viel über die Vorlieben der 35-Jährigen, porträtiert nur ein Jahr bevor sie die Regentschaft über das Fürstentum Sachsen-Weimar-Eisenach ihrem Erstgeborenen übergab.

„*Vierzig Taler für ein Porträt der Hertzogin Durchlaucht als klein Kniestück (...) aus fürstlicher Chatoule empfangen*", quittiert Kraus am 5. Dezember 1774 den Lohn für das Gemälde.

Georg Melchior Kraus: Herzogin Anna Amalia. Öl, 1774.

7

Anna Amalia liebt die Musik, sie spielt Traversflöte. Notenblätter liegen auf dem Tisch. *„Flauto traverso"* ist eines überschrieben. Bücher bezeugen, dass sie viel liest. Keine seichte Literatur: Anna Amalia bevorzugt Werke, die sie weiterbilden wie *„Agathon. I. Teil"* von Christoph Martin Wieland. Als pikant wird von Historikern vermerkt, dass die Vormundschaftsregentin sich mit einer Flöte abbilden ließ, was nicht unbedingt als schicklich galt. Sie soll eine *„leidenschaftliche Liebhaberin des Flötenspiels mit gewisser Fertigkeit gewesen sein."*

Die Musik dient ihr nicht nur zur Zerstreuung, durch Musik entstünde vielmehr das, was man den *„Großen Geschmack"* nenne. Als Kind ist sie in Braunschweig von dem Organisten Fleischer unterrichtet worden. Und aus ihrer Jugendzeit hat Anna Amalia sich die Vorliebe für italienische Komponisten bewahrt.

Es ist müßig zu spekulieren, weshalb die Fürstin so in sich gekehrt, geradezu traurig, aus großen Augen in die Ferne schaut. Fast scheint es, der kleine Hund wolle sie

trösten. Wir sollten uns vergegenwärtigen, was Anna Amalia damals bewegt haben könnte: Die Herzogin plagen gewaltige Sorgen. Um die Staatsfinanzen steht es nicht allzu gut. Es gibt Probleme mit Carl August. Dass die herzogliche Familie durch den Schlossbrand am 6. Mai 1774 ihres Domizils beraubt wurde, deutete sie fast als göttlichen Fingerzeig auf ihr Unvermögen. Doch *„keine Menschliche Macht hätte das Schloß gegen die fressende Wut der Flammen retten können"*, beschrieb Wieland in einem Brief vom 8. Mai 1774 die verheerenden Auswirkungen des Großbrandes. *„Es ist beynahe ein Wunder wie noch eine so grosse Menge von allen Arten von Möbeln aus dem ganzen Schlosse gerettet worden sind. Die ganze Stadt war in größter Gefahr, und erst in der Nacht um 3 Uhr konnten wir uns der Hoffnung sicher zu seyn, überlassen."* Nach der von Anna Amalia 1760 erlassenen „Feuer-Ordnung" lässt sich unschwer ausmalen, wie die ganze Stadt alarmiert wurde: Die Türmer der Stadtkirche bla-

Die Wilhelmsburg während des Brandes.

9

sen „*das große Feuerhorn*" und „*stecken die Feuerfahne*" in Richtung des Brandortes, durch „*Trommeln in den Gassen*", durch Pochen und „*Lermen*", durch dreimaliges Schießen der „*Lermkanone*" auf der Altenburg, erfahren in der Stadt alle: Das Schloss brennt.

Auch Erbprinz Carl August soll sich an den Löscharbeiten beteiligt haben: „*Er hat sich am 6. Mai und in den folgenden Tagen wie ein Held und wie ein Menschenfreund aufgeführt*", vermerkt Wieland in einem Brief an Johann Georg Zimmermann (3. Juni 1774).

Anna Amalia zieht sich mit ihrer Familie zunächst ins Sommerschloss Belvedere zurück. Im Oktober wird Carl August durch seine Mutter in das Geheime Konsilium eingeführt. Nur ein Jahr später endet mit seiner Volljährigkeit und Regierungsübernahme die Obervormundschaft und Landesadministration für Anna Amalia.

All das mag sie bewegt haben, als Georg Melchior Kraus sie malte. In eben diesem Jahr und dem vorhergehenden (1773/74) entstanden ihre Fragment gebliebenen autobiographischen Aufzeichnungen: „*Ich hatte schon Stolz genug, um mich in der Welt hervorzutun; aber war nur noch in einem Schlummer*", meinte sie eben dort rückblickend auf ihre erste Zeit in Wei-

Schloss Belvedere, Sommersitz des Fürstenhauses; von Anna Amalia vorübergehend auch nach dem Schlossbrand als Wohnhaus genutzt.

mar. *„Mein Unvermögen kränkte mich sehr; ich wurde gegen mich mißtrauisch; ich fühlte immer und wußte nicht: was? Ach! wie glücklich wäre ich gewesen, wenn ich damals einen Freund gehabt hätte, der die große Kenntnis des menschlichen Herzens besessen, mir das aufzuschließen, was mir selbst ein Rätsel und in mir tief verschlossen war! Es sollte aber nicht sein, und es schien, ich sollte ganz durch eigene Erfahrung gebildet werden."*

Eine zweite Ehe scheint für sie nie in Betracht gekommen zu sein. Ihren verstorbenen Mann erwähnt sie in den rund 560 erhaltenen Briefen bis 1807 nicht. Auch ihre Briefpartner sprechen sie darauf nicht an. Sie hielt es nicht mit Maria Theresia, die lebenslange Trauer als Witwentugend hervorhob, was sich schon rein äußerlich in Witwenkleidung dokumentierte. Erst ein Altersporträt zeigt Anna Amalia mit Witwenschleier.

Möglicherweise sprachen finanzielle Erwägungen gegen eine Wiederverheiratung: Denn dann, so setzte es der Ehevertrag fest, wären ihre Bezüge als Witwe halbiert worden. Doch nicht nur das: Sie hätte nicht nur auf die Regentschaft, vielmehr auch auf die Erziehung ihrer Söhne verzichten müssen (Ehevertrag vom 16. März 1756 und Testament Ernst August II. Constantins, 21. Februar 1758). Für Anna Amalia verbot sich damit eine Wiederheirat fast von selbst. Doch sind wir auch hier auf Spekulationen und Mutmaßungen angewiesen. Denn schriftliche Zeugnisse aus ihrer Hand gibt es darüber keine. Ist möglicherweise etwas dran an den Mutmaßungen, die eine Liaison zwischen ihr und Goethe für wahrscheinlich halten? Die behaupten, Goethes Verliebtheit in Charlotte von Stein habe nur als Täuschungsmanöver für seine wahre Geliebte Anna Amalia gedient? So schreibt die Gräfin Henriette von Egloffstein in ihren Erinnerungen, die erst nach 1919 der Öffentlichkeit zugänglich gemacht wurden: *„Indessen muss man die Geschicklichkeit bewundern, womit Charlotte von Stein ihr künstliches Spiel durchzuführen wusste, so dass sie noch in späterer Zeit für Goethes Geliebte galt."*

Auch Gräfin Görtz mokiert sich über die delikate Verbindung zwischen der Adligen und dem Bürgerlichen: *„Frau von Stein spielt die ihr zugewiesene Rolle so gut sie kann (...), indem sie fast jeden Abend in ihrem Haus Kartoffeln mit Goethe und Anna Amalia isst. Der Ehemann Stein sieht über all das gänzlich hinweg."*

Anna Amalias Briefe an Goethe sind bis auf wenige verschwunden. Wurden sie vernichtet? Kanzler von Müller jedenfalls soll 1828 nach ihrer Lektüre konstatiert haben, dass diese ein *„herrliches Licht (...) auf Goethes und der Herzogin Charakter!"* werfen würden. Großherzog Carl August hatte sie von Müller anvertraut, damit der sie katalogisiere. Und haben andererseits Goethes rund 1.000 Briefe an Charlotte von Stein in Anna Amalia ihre eigentliche Adressatin? Einige von ihnen setzen jedenfalls italienische und lateinische Sprachkenntnisse voraus. Die besaß Charlotte von Stein nicht, wohl aber Anna Amalia.

EINE KLUGE UND BEGABTE FÜRSTIN

Sechzehneinhalb Jahre war Anna Amalia, geborene Prinzessin von Braunschweig-Wolfenbüttel, alt, als sie mit Ernst August II. Constantin, Herzog von Sachsen-Weimar-Eisenach, verheiratet wurde. Auch er war dem Jugendalter kaum entwachsen. *„Man verheirathete mich so wie gewöhnlich man Fürstinnen vermählt."* 17 Jahre zählte sie, als sie ihr erstes Kind zur Welt brachte, den Erbprinzen Carl August – für sie *„die erste und reinste Freude ihres Daseins."* Die Geburt seines zweiten Sohnes Friedrich Ferdinand Constantin im September 1758 erlebte der Herzog nicht mehr. Ernst August II Constantin, lange schon kränklich, starb vier Monate zuvor. Mit einem Neugeborenen und einem Kleinkind in dem ihr noch fremden Weimar, gedrückt von der Trauer um den Mann, dem sie anvertraut wurde – andere wären unter

Anna Amalia war eine fürsorgliche, doch strenge Mutter. Die Künstlerin Anna Rosina de Gaso malte die Herzogin 1773/74 mit ihren Söhnen Carl August (1757–1828) und Friedrich Ferdinand Constantin (1758–1793).

der Bürde zerbrochen. In zähem Ringen erreichte die zu dieser Zeit noch unmündige Herzogin, dass *„Ihro Kaiserliche Majestät der verwitibten Frau Herzogin die venia aetatis erteilte und diese am 9. July 1759 allermildest dahin extendierte, daß dieselbe fürohin in dero Landen ohne Ausnahme und Einschränkung Vormundschaft und Administration ausübe."* Eine harte Aufgabe. Sechzehn Jahre lang regierte Anna Amalia ihr wirtschaftlich schwaches und politisch unbedeutendes Land. *„Ein ganz anderer Geist war über Hof und Stadt gekommen. Bedeutende Fremde von Stand, Gelehrte, Künstler, wirkten besuchend oder bleibend. Der Gebrauch einer großen Bibliothek wurde frey gegeben, ein gutes Theater unterhalten und die neue Generation zur Ausbildung des Geistes veranlasst",* urteilte Goethe später rückblickend über diese Jahre.

Anna Amalia gelang es, das verarmte Herzogtum schuldenfrei zu machen. Sie setzte Reformen im Sozial- und Bildungswesen durch. 1768 führte sie nach dem von ihrem Vater Carl I. in Braunschweig bereits seit 1753 praktizierten Modell auch in Weimar eine Feuerversicherung ein. Sie sorgte sich um die Instandhaltung der Landstraße und schrieb vor, dass Neubauten mit Ziegeln statt mit dem leicht entzündlichen Stroh gedeckt wurden. Sie veranlasste die regelmäßige Reinigung der Straßen und deren Beleuchtung und ließ die übel riechenden Abwasserkanäle überwölben. Sie kümmerte sich um die Kirchen und das Schulwesen.

Jede andere hätte vor dem gewaltigen Aufgabenberg kapituliert, nicht so Anna Amalia. *„Eine sehr kluge, mit vielen Talenten begabte Fürstin",* urteilte 1773 der Kaiserliche Gesandte Montmartin, *„die ihre Obervormundschaft zum Besten ihres Sohnes und dessen Lande mit ungemeiner Klugheit und Ökonomie geführt habe, sehr vortreffliche Einrichtungen mache und sich die allgemeine Wohlfahrt sorgfältig und rühmlich angelegen sein lasse."*

Die ersten zehn Jahre ihrer Vormundschaftsregentschaft ließen für Vergnügungen keinen Raum. Ihr stand auch nicht der Sinn danach. Ein Aufatmen ging durchs Land, als im Februar 1763 der Siebenjährige Krieg endete. Anna Amalia berief noch im gleichen Jahr den ersten Landtag in ihrer Regierungszeit ein und holte den Dichter Johann Carl August Musäus nach Weimar. Zur Erziehung ihrer Söhne gewann sie 1772 den Erfurter Philosophieprofessor Christoph Martin Wieland.

„Sie ist klein von Statur, sieht wohl aus, hat eine spirituelle Physiognomie, eine braunschweigische Nase, schöne Hände und Füße, einen leichten, doch majestätischen Gang, spricht sehr schön, aber geschwind und hat in ihrem ganzen Wesen viel Angenehmes und Einnehmendes", zitierte Wilhelm Bode im ersten seiner „Amalia"-Bände einen unbekannten Zeitgenossen. Im Rahmen ihres kärglichen Etats förderte sie in Jena die Universität, in Weimar gab sie der Fürstlichen Bibliothek im Grünen Schloss eine neue Bleibe.

Prinzenerzieher Christoph Martin Wieland, Porträt von Ferdinand Carl Christian Jagemann, 1805

Als die Herzogin am 6. Mai 1774 ein weiterer Schicksalsschlag traf – die Wilhelmsburg brannte nach einem Blitzschlag nieder – verzagte sie nicht. Anna Amalia zog erst nach Belvedere, dann ins Wittumspalais. Wie es in der jungen Frau ausgesehen haben mag, darüber gibt es kaum schriftliche Zeugnisse. Gemeinhin wird sie als optimistische Natur beschrieben, als zupackend und energisch. Als *„vollkommene Fürstin mit vollkommen menschlichem Sinne und Neigung zum Lebensgenuß"*, erinnerte sich Goethe 1829.

Amalia war sehr beliebt. Sie förderte Begabungen und Talente. Und die Geselligkeit. Ihre *Tafelrunden* waren legendär. Später sollte Goethe nach dem Tod der Herzogin in seinem Nachruf schreiben: *„Ihre Regentschaft brachte dem Lande mannigfaltiges Glück, ja das Unglück selbst gab Anlass zu Verbesserungen."*

Am 3. September 1775 übergab Anna Amalia ihrem Ältesten die Regierungsgeschäfte. Dieser heiratete am 3. Oktober des gleichen Jahres in Karlsruhe Prinzessin Louise Auguste von Hessen-Darmstadt. Am 17. Oktober trafen beide in Weimar ein, einen Monat später folgte Goethe. Von der Last des Regierens befreit, hatte Anna Amalia fortan Zeit für die Musen.

Der Darmstädter Kritiker und Kunstexperte Johann Heinrich Merck hatte 1778 das Glück, *„diese geistvolle, lebhafte, für alles Schöne in Natur und Kunst empfängliche Fürstin nicht nur in der Hofsphäre Ettersburgs oder Weimars kennenzulernen",* sondern auch während einer mehrwöchigen Rheinreise. Und er gewann dabei das Herz Anna Amalias. *„Du hast einen mächtigen Stein im Brett bei der Herzogin",* schrieb Wieland an Merck am 2. August 1778 nach der Rückkehr Anna Amalias. *„Was mich aber zum ewigen Träumer in meinem eigenen Hause macht, ist der wohltätige Eigensinn des Schiksals, der es Ew. Durchlaucht eingeben musste, an einen armen Schelm zu denken und ihm vier Wochen seines Lebens zu goldenen Tagen zu machen",* dachte auch Merck mit Freude an die Kunstreise nach Düsseldorf zurück. *„Man ist auf lange Zeit gegen die Hudeleyen der lieben Constitution abgehärtet, wenn man Menschen gesehen hat, die man sich nicht besser hätte schnizeln noch träumen mögen...."* (Brief vom 6. August 1778). Er signierte seinen Brief mit *„unterthänigster Knecht".*

Die unschuldige Freundschaft musste etliche Neider auf den Plan gerufen haben. *„Ich kann mich jezo darüber nicht erklären, was unschuldige Trätschereyen vermögen zumal wenn ein armer Teufel wie ich noch am Ende darüber geängstigt und angefeindet wird, dass ihn irgend jemand seiner Freundschaft und Liebe werth hält."* Er sei *„bißher Gottlob so klug gewesen, keinen Menschen merken zu lassen, was Ew. Durchlaucht mir an Gnade und Wohlwollen haben schenken wollen."*

Doch seine Reisepläne wurden eher bekannt als ihm lieb war. Im Juli und August 1779 fuhr der Kunstgelehrte nach Weimar.

LIEBHABERTHEATER UND LITERARISCH-GESELLIGE ZUSAMMENKÜNFTE

„Gönnerin und Beschützerin des Schauspiels", nannte Librettist Christian Felix die Weiße Herzogin Anna Amalia in seinem Singspiel *„Die Jagd".* Und das war sie in der Tat. Vor allem nach Übergabe der Regentschaft 1775 an ihren Erstgeborenen Carl August hatte sie mehr Zeit als zuvor für ihre Theaterleidenschaft. Davon legt auch ein Porträt von Johann Ernst Heinsius, entstanden um 1779/80 Zeugnis ab. Es zeigt Herzogin Anna Amalia mit Maske, die Haare kunstvoll aufgetürmt, mit Perlenschmuck und Schleife, betont, schaut sie den Betrachter unverwandt an. Ihre rechte Hand hält eine Maske, Sinnbild der Muse Thalia.

Schon während ihrer Regierungszeit hatte sie für einen deutlichen Aufschwung des Theaterlebens gesorgt. Anna Amalia engagierte nicht nur verschiedene Schauspielertruppen ins Residenzstädtchen, wie die damals sehr bekannte *Kochsche Gesellschaft* aus Leipzig (1768) und später die Gruppe des deutschen Schauspieldirektors Schweizer Herkunft Abel Seyler (1771).

Dem bürgerlichen Publikum ermöglichte sie, vom aufklärerischen Ideal beseelt, dreimal wöchentlich den kostenlosen Besuch des Theaters. Denn wie Christoph Martin Wieland überliefert, war die Herzogin überzeugt, *„daß ein wohlgeordnetes Theater nicht wenig dazu beitrage, den Geschmack und die Sitten eines ganzen Volkes unvermerkt zu verbessern und zu verschönern."*

Allein 1773 wurden an 144 Tagen insgesamt 278 Stücke inklusive Ballette aufgeführt. Nach dem Schlossbrand 1774 gab es keine ständige Theaterbühne mehr, doch die Freude am Schauspiel war ungebrochen. Schon im Herbst 1775 fanden Vorbereitungen für Liebhaberaufführungen statt. Im Winter und Frühjahr 1776 sorgten Anna Amalia, Luise von Göchhausen und

Herzogin Anna Amalia mit Maske. Der Hofmaler Johann Ernst Heinsius (Öl auf Leinwand) um 1779/80.

sogar Goethe selbst im Redoutensaal mit dem Maskenspiel *„Die Versuchung des Heiligen Antonius"*, später Cumberlands *„Westindier"* und am 4. Juni 1776 Goethes *„Erwin und Elmire"* mit Anna Amalias Musik für eine Fortsetzung der Aufführungen.

Während die Bürger zum Redoutensaal freien Zutritt hatten, richteten sich die Aufführungen in Ettersburg an ein ausgewähltes Hofpublikum. Von 1776 bis 1780 verbrachte die Herzogin ihre Sommer regelmäßig auf Schloss Ettersburg. Den an das Schloss angrenzenden Wald – wie geschaffen für das Theaterspiel – ließ sie mit *„zahlreichen empfindsamen Szenen"* ausstatten. Und bereits 1776 wurde der große Saal im westlichen Seitenflügel des Alten Schlosses für Theatervorstellungen hergerichtet.

„O! Laßt beim Klange süßer Lieder/Uns lächelnd durch dies Leben gehen,/und sinkt der letzte Tag hernieder,/ Mit diesem Lächeln stille stehen!", charakterisierte Friedrich Heinrich Jacobi das heitere und bewegte Wald- und Gartenleben des Ettersburger Hoflagers. Die ersten Aufführungen waren Schattenspiele. Der Tischler Johann Martin Mieding lieferte dafür die Dekorationen. Für die Kulissen, meist von Hofmaler Johann Schumann gemalt, hatte Adam Friedrich Oeser einige Entwürfe geschaffen. Possen, Singspiele und Dramen wurden aufgeführt.

Zu den bekannteren Inszenierungen der Ettersburger Bühne gehörten Goethes *„Jahrmarktsfest zu Plundersweilern"*, zu dem wiederum Anna Amalia musikalisch beitrug, und seine Bearbeitung der *„Vögel"* nach Aristophanes. Noch 1779 erhielt der Theatersaal einen grünen textilen Fußbodenfries, die Decke wurde mit Leinwand tapeziert und blau angestrichen, grün-weiße Vorhänge umschmeichelten die Fenster.

Schloss Ettersburg, auf einer von Anna Amalia gefertigten Radierung

Dort stand Anna Amalia dann und wann auch selbst auf der Bühne. So habe sie sich in der Aufführung der *„Gouvernante, selbst produciret"*, berichtete sie am 2. August 1779 an Merck. *„Wir spielten zum großen Gaudium der Anwesenden."* Zwei Monate später setzte sie sich *„sehr incognito"* erneut in Szene und zwar in Einsiedels *„Orpheus und Eurydike"*, einer Persiflage auf Wielands *„Alceste"*.

„Da doch das Theater den Gang der Welt darstellen soll, so amüsiren wir uns hier mit Farcen-Spielen, und finden, daß wir damit der Sache am nächsten kommen", berichtete sie Merck. Doch Merck erhielt noch einen anderen Brief, nämlich von einem bitter enttäuschten Wieland, der sich über die Verballhornung seines Werkes, immerhin die erste deutsche Oper, beklagte.

Über Anna Amalias Schauspielkunst sind sehr unterschiedliche Meinungen überliefert. Für sie selbst war das Agieren auf der Bühne amüsanter Zeitvertreib. Frei von den mit den Regierungsgeschäften verbundenen Verpflichtungen, widmete sich Anna Amalia gemeinsam mit einem Kreis Gleichgesinnter, zu denen auch Goethe und Wieland gehörten, ihren musischen Neigungen. Ein Höhepunkt des Liebhabertheaters war zweifellos am 6. April 1779 die Uraufführung von Goethes *„Iphigenie"*.

Nur einmal noch trat Anna Amalia selbst auf: In dem von Goethe verfassten Maskenzug *„Aufzug der vier Weltalter"* verkörperte sie das Goldene Zeitalter, diesmal im Comödienhaus vor einer breiten höfischstädtischen Öffentlichkeit.

Das erste Weimarer Hoftheater war einschließlich seiner Kapelle 1758 wegen Unprofessionalität abgeschafft worden. Mit einer wöchentlichen Unterstützung von 145 Talern aus ihrer Privatschatulle unterstützte Anna Amalia ab 1771 die Weimarer Schauspielgesellschaft. Theater wurde zunächst im Schloss und nach dessen Brand – wie bereits erwähnt – auf

der Naturbühne in Tiefurt und auf Schloss Ettersburg gespielt. Nach Eröffnung des Neuen Hoftheaters im Komödienhaus durch Carl August 1791 und
der Übertragung dessen Leitung an Goethe bekam
das Hoftheater eine zentrale Stellung im kulturellen
Leben der kleinen Residenzstadt.

Der neue Intendant Goethe, seine Theaterleitung
reichte über den Tod Anna Amalias hinaus bis 1817,
setzte am Hoftheater einige Neuerungen durch. So
durften nun die Bühnenautoren Einfluss auf die Insze-
nierung ihrer eigenen Stücke nehmen und die einzelnen
Schauspieler wurden zu einem festen Ensemble vereint,
was Goethes Vorstellungen über die Anforderungen

von klassischen Dramen eher entsprach. Zusammen
mit Friedrich Schiller gestaltete Goethe sechs Jahre
lang, bis zu dem frühen Tod des Freundes 1805, intensiv das Programm des Hauses. Insgesamt kam er bei
seiner 26-jährigen Intendanz auf 4.806 Vorstellungen,
was etwa 300 Aufführungen pro Jahr entsprach. Wich-

tig war Goethe dabei nicht nur die Qualität der Aufführungen, sondern er brachte sich auch intensiv in die Ausgestaltung des Theaterraumes mit ein. Das von außen eher schlicht erscheinende Hoftheater wurde auf Veranlassung des Intendanten, im Innenraum in ein „freundliches, glänzendes Feenschlösschen" umgebaut, wie Caroline Schlegel bezaubert feststellte – Galerien, Balkone und Säulen erfreuten nun das Publikum und luden zu einem bisher nicht gekannten Erlebnis ein. Die Herzogin liebte auch die Hofbälle und Redouten. *„Da sie aber sehr gerne tanzte, spielte sie auch nicht lange. Sie tanzte mit jeder Maske, die sie aufnahm und blieb bis früh um Drei, da fast alles aus war",* zitierte Wilhelm Bode im ersten seiner „Amalie"-Bände einen ungenannten Reisenden.

Schon 1781 zog es den Kreis um Anna Amalia des Sommers in das Tiefurter Schloss, wo sich die literarisch-geselligen Zusammenkünfte fortsetzten. Doch wurde mit der Eröffnung des ersten Weimarer *Comödienhauses* am 7. Januar 1780 das Ende des Liebhabertheaters eingeläutet, zumal ab 1783 mit der Theatertruppe von Joseph Bellomo wieder ein professionelles Ensemble in Weimar auftrat.

Im Tiefurter Schloss und seinem Park fühlte sich die Herzogin in ihrem Element, wo sie mit der ihr eigenen gestalterischen Energie wirkte. *„Es scheint beinahe, dass ich etwas von dem Stein der Weisen gefunden habe, denn da ich auf meiner Einsiedelei keine Ehrendame mitgehabt habe, sondern nur die Fräulein Thusnelda allein bei mir gewesen ist, (...), so bin ich so ziemlich durch alle Proben hindurch gegangen, doch völlig bin ich noch nicht zufrieden; ich wünsche viel!",* schrieb sie 1781 dem Freund Merck aus Tiefurt. Sie *„rustiziere"* dort, meinte Wieland, der häufiger Gast in Anna Amalias Einsiedelei war. Zu ihren Wünschen gehörte schon damals die weitere Ausgestaltung des Tiefurter Parks. An Knebel, den ersten Gestalter des

Parks, schrieb sie im Jahr darauf: *„Nun bin ich, Gott seis gedankt! ruhig in dem lieben Tiefurt, und suche es auf alle Art zu verschönern."*

Einen gewaltigen Schub erhielt ihre Inspirationskraft, als sie im Herbst in Wörlitz den Park des Fürsten Franz von Dessau kennenlernte. *„Aber das müssen Sie wissen"*, teilte sie Knebel am 8. November 1782 mit, *„dass meine Imagination etwas gelitten hat, denn ich ruhe und raste nicht, bis ich Tiefurt in einen (...) beinahe ähnlichen Zustand gebracht habe. Kaum war ich zurück, stürmte ich mit Projekten los."*

Ihr *„armes Tiefurt ist ganz erstaunt"* über die *„erhabenen Ideen"* der naturverbundenen Herzogin. Sie sprach von Faunen und Nymphen, denen sie mit ihrer Schöpfung einen angenehmen Aufenthalt bereiten wolle. Sie ließ Schneisen schlagen, so dass sich Sichtachsen hinab zum Wiesenpark und zum Schloss ergaben.

Sie dehnte den Park entlang der Ilm aus. Neue Wege wurden planiert, ein Felsplatz angelegt, neue Bäume und Büsche gepflanzt. Im Geiste der Empfindsamkeit entstanden neue Monumente und kleine Parkarchitekturen. So schrieb sie dem erzürnten Knebel im Oktober 1783 selbstbewusst: *„Ich bin jetzt mit Anpflanzungen und Bauen beschäftigt, ich habe eine ganze Wand von*

Szene aus dem Sing-
spiel „Die Fischerin"
nach dem Bild von
Georg Melchior Kraus

Felsen am Ufer und im Lohhölzchen anbauen lassen ...
Wirklich, es macht einen gar schönen Effekt. "
Das Singspiel „Die Fischerin" erlebte seine Erstauf-
führung (1782) an der Ilm. Wesentlich später, 1805,
ließ Anna Amalia auch den Teesalon errichten. Ihre
Verbundenheit mit dem idyllischen Ort blieb zeit
ihres Lebens bestehen. Im Wesentlichen ist die von ihr
veranlasste Wegeführung bis heute erhalten geblieben.
Als Anna Amalias Bruder Leopold 1786 bei einem
Rettungsversuch in der Oder ertrank, ließ sie ihm im
Tiefurter Park ein Denkmal aufstellen.
Doch es waren nicht nur steinerne Monumente, mit
denen die Herzogin ihr nahe stehenden Personen hul-
digte. Sie sorgte auch für eine funktionierende Infra-
struktur mit Obst- und Gemüsegarten, Baumschule,
Bienenhaus und Gewächshaus. Dass der liebliche
kleine Park schon zu ihrer Zeit viele Bewunderer fand,
steht außer Frage. Doch Anna Amalia war eine viel zu
leidenschaftliche Persönlichkeit, als dass sie darüber
andere, ihr wichtige Dinge aus den Augen verlor.

AUFBRUCH IN DAS LAND
IHRER SEHNSUCHT

„Je mehr man Italien kennenlernt, um so mehr Schönheiten findet man; die Nation ist voll von Talenten und Geist... Die Natur bei Neapel ist das Schönste, was man sehen und finden kann. – La natura a Napoli è la più bella cosa che si puo vedere e trovare." Herzogin Anna Amalia sprach mit einer ebensolchen Selbstverständlichkeit italienisch wie sie die französische und englische Sprache beherrschte, Latein und Griechisch. Lange vor ihrer Italienreise übersetzte sie *„Amor e Psyche"* aus dem Italienischen ins Deutsche. Mit ihrer Italienreise erfüllte sich die Herzogin einen Herzenswunsch. Davon kündet ihr eingangs zitierter Brief, den sie am 13. September 1789 aus Neapel an Christian Joseph Jagemann sandte. *„Wie glücklich bin ich",* begeisterte sie sich auch gegenüber Johann Heinrich Merck, *„einmal meinen Wunsch in Erfüllung zu bringen, und das schöne, natur- und kunstreiche Land mit eigenem Auge zu sehen und zu genießen."*

Schon 1781 hatte sie erstmals Pläne für eine Italienreise laut werden lassen. Ungefährlich indes war die Reise keineswegs. Gewarnt wurde vor Gaunern und Ganoven, Krankheiten und allerlei Unbill. Die Herzogin plagten darum auch gewaltige Bedenken.

„... ist das nicht ein kühnes Unternehmen", wusste Anna Amalia sehr wohl um die Risiken. Zehn Tage vor Antritt der Reise verfasste sie ihr erstes Testament. Emilie von Einsiedel spottete: *„Ich will mich prellen lassen, wenn die alte Neigung zu Göthen nicht allein Schuld an dieser Beharrlichkeit ist über dem doch ein eigener fürstl. Einfall. Hatten ihre Reitze vor 10 Jahren nicht die Gewalt ihn zu fesseln, wo doch sehr mäßige Schönheiten mit ihr Rivalisirten u. itzt in Rom zu Reeüßiren Glaubt, wo Ideale von Schönheiten ihn umgeben, und Göthe sicher auch in Rom zu singen weis. Aber nicht so die poverina Duchessa!!!"*

Anna Amalia genoss den Italienaufenthalt in entspannter Heiterkeit und stabiler Gesundheit. Die Vormittage waren dem Besuch ausgewählter Plätze gewidmet, die Nachmittage und Abende heiteren Spielen, Geselligkeiten, Literatur und Musik.

Herzogin Anna Amalia, Ölgemälde von Angelika Kauffmann

Das Wagnis einer beschwerlichen Reise wurde gern in Kauf genommen. *„Ich glaube Italien ist für uns, was der Fluß Lethe den Alten war, man verjüngt sich, indem man alles Unangenehme, was man in der Welt erfahren hat, vergißt und dadurch ein neugeborener Mensch wird"*, mutmaßte die Herzogin gegenüber Merck.

Am 15. August 1788 brach Anna Amalia zu ihrer Italienreise auf, die 22 Monate währen sollte. Umgeben war sie von ihrer treuen Hofdame Luise von Göchhausen, Kammerherr Friedrich Hildebrand von Einsiedel, Wilhelm Ernst Christian Huschke, ein frisch promovierter junger Medicus, Mundkoch François-René le Goullon, Philipp Christoph Kayser als Musikverständigen, Filippo Collina, den Goethe nach Weimar gesandt hatte, damit er Anna Amalia *„alle Last des Einrichtens und Marcktens pp abnehmen, welche würcklich in Italien unerträglich ist"*, und zwei Kammerfrauen.

Zu den Vorbereitungen gehörte auch, dass die Herzogin in Prag zwei Reisewagen anfertigen ließ,

was samt Veränderungen mit 1094 Talern zu Buche schlug, dazu einen kleinen Reisewagen. Koffer, Kästen, Mantelsäcke, Bettdecken, Bettpfühle wurden geordert. Am Ende wird die Italienreise Anna Amalia 65 145 Taler gekostet haben, die sie sämtlich aus ihrem Privatvermögen beglich.

Am Morgen des 15. August 1788 setzte sich der Tross in Weimar in Bewegung. *„d 15ten August bin ich von Weimar um halb 6 Uhr abgereist, in Jena gab mir Knebel ein dejeuner, blieb eine halbe Stunde, ging von da nach Neustadt, aß etwas Kaltes, fand in dem Posthaus ein Clavier welches herzlich schlecht war...",* notierte Anna Amalia auf der erste Seite ihres Reise-Journals. Allein bis Rom benötigte man 50 Tage – für damalige Zeiten dennoch zügig.

Gewaltigen Eindruck machte auf alle die Alpenquerung. *„Acht Pferde zogen die Wagen den Kugelberg hinauf, den See vorbey gleichen Namens",* erinnerte sich Luise von Göchhausen in ihren Aufzeichnungen am 26. August 1788. *„Da die Nacht einbrach und wir aussteigen mußten wurde mir etwas bang, die Gegend ist grausend prächtig, ungeheure Berge, Waßerfälle, die strömen ins Thal fort rauschen u. hier u. da Kruzifixe mit blutenden Heylanden, oder Abbildungen von geschehenen Unglücksfällen, tragen nichts dazu bey der Seele Muth zu geben. "*

Halb fahrend, halb zu Fuß bestieg man den Brenner. Anna Amalia hatte *„das reinste Vergnügen das schönste was man in der Natur finden kann..."* Es ging beschwerlich voran. Doch das Entzücken über schneebedeckte Gipfel und liebliche Täler hielt sich. *„Das ganze Tyrol ist ein schönes Fruchtbares Land und ich glaube nicht das es sehr bevölkert ist denn sowohl in denen Dörfern als im Felde habe ich sehr wenige Menschen gefunden. Die Menschen sind von einer großen Gutherzigkeit was man bonhomie nennt...",* setzte sie ihr Reise-Journal fort.

In Roveredo wurde der *„Abstand mit Deutschland sehr merklich. (...) Am Wege lauter Bäume mit in Girlanden hangenden Wein Reben, Achazien u. Feigenbäume."* Doch auch dort gab es noch allerlei Kalamitäten. Am zweiten Wagen brach ein Rad. Ersatz musste beschafft werden. Bevor die venezianische Grenze erreicht wurde, bremste eine Gruppe von Menschen in einer steilen Abfahrt das Gefährt zusätzlich, um dann für ihre Dienste einen Dukaten Lösegeld zu verlangen, andernfalls wollten sie die Kutsche nicht weiterfahren lassen.

Am 4. Oktober war man endlich glücklich in Rom. Goethe war bereits wieder abgereist, doch Herder war zur Stelle, die kleine Gesellschaft zu empfangen. Anna Amalia war 49 Jahre alt. Dreizehn Jahre zuvor hatte sie die Regentschaft über das Herzogtum Sachsen-Weimar-Eisenach ihrem Sohn Carl August übergeben. *„In Italien klagen alle Reisende über Kostbarkeit und Langsamkeit der Posten, besonders im Mayländischen, Mantuanischen und Venetianischen, wo man für jedes Pferd 50 Sous bezahlen muss, dergestalt, daß dort 7 1/2 Livres zu bezahlen sind, wenn man in dem übrigen Italien um die Hälfte eben so weit geführt wird, und noch geschwinder fortkommt",* empfahl ein Reisehandbuch von 1729, sich der billigeren Vetturini (Lehnkutschen) zu bedienen. Und der Göttinger Professor Johann David Köhler betonte in seiner *„Anweisung zur Reiseklugheit junger Gelehrter",* was ein Reisender beherzigen solle: zweckmäßige Vorbereitung der Reise, kluges Betragen *„an fremden Oertern"* und *„geschickte Anwendung der erlangten Kenntnisse, wenn man wieder zu Hause ist".*

Gewarnt wurde vor Gaunern und Ganoven, Krankheiten und allerlei Unpässlichkeiten. Aus den Berichten Luise von Göchhausens spricht Verängstigung und Befremdung vor den *„engen Tälern",* den *„Abbildungen von Unglücksaffären"* auf den Marterln und vor allem darüber, dass „*das Auge beschränkt*" ist und ihm „*kein Ausweg möglich erscheint*".

Obwohl Anna Amalia inkognito reiste und sich als eine Gräfin Allstedt ausgab, blieb sie nie lange unerkannt. Vor allem in Rom wusste man, dass sie eine Nichte des berühmten Friedrich II. von Preußen ist. „*Mit mir stehts wie mit den seligen Geistern im Elysium*", schrieb sie nach Hause. Luise von Göchhausen berichtete ausführlich: „ ... *Jeder Vormittag, sehr wenige ausgenommen, sind der Kunst gewidmet, wir sahen noch jeden Tag etwas neues, ich nehme das Musäum und noch einige Dinge, als das Pantheon, die Peters-Kirche etc. aus, wohin wir oft wiederholte Wallfahrten machen.*"

GESELLSCHAFTEN, PAPSTBESUCH UND MALEREI

Noch vor Amtsantritt von Christian Joseph Jagemann als Privatbibliothekar nahm Herzogin Anna Amalia bei ihm von Januar bis März 1775 Unterricht in italienischer Sprache und italienischer Literatur, also lange bevor sie selbst ihre Reise nach Italien antrat. Es wird angenommen, dass sie damit an Vorkenntnisse aus Kindheit und Jugend am elterlichen Hof in Braunschweig anknüpfte. Dieser war für seine Pflege italienischer Kultur bekannt. Ihre späteren Briefe lehren, dass die gebildete Herzogin diese Sprache ganz ausgezeichnet beherrschte. Sie ermunterte auch andere, es ihr gleich zu tun. Dem Sänger Kranz bezahlte sie den Italienischunterricht. Auch Anna Amalias Privatbibliothek zeugt von ihrem Interesse an dem Land. Sie sammelte italienischsprachige Titel italienischer und nichtitalienischer Autoren, Werke italienischer Autoren in Übersetzungen, Schriften über Italien, Werke zur Römischen Geschichte und die antiker Autoren. Bedeutende italienische Humanisten, Renaissance-Autoren, Schriftsteller der italienischen Aufklärung. Boccaccio, Petrarca, Dante, aber auch Machiavelli, Guicciardi und Tasso ebenso wie Algarotti, Gozzi und Goldoni. 357 Titel katalogisierte Jagemann, mehr als ein Fünftel ihres Gesamtbestandes.

Doch schon vor Berufung des Italienkenners Jagemann baute Anna Amalia ihren Italienbestand systematisch aus. Sie bevorzugte moderne schöne italienische Literatur und moderne Reiseliteratur sowie Kunstführer und Biographien. Ihr Interesse an Italien war also keineswegs oberflächlich und schwärmerisch, eine Laune, die Goethe folgte, wie böse Zungen behaupteten. Es könnte sogar sein, dass Anna Amalia Goethes Interesse an Italien bestärkt hat. Ihr Hauptlieferant war der Weimarer Hofbuchhändler Karl Ludolf

Die Herzogin Anna Amalia in Pompeji an der Schola der Priesterin Mammia, gemalt von Johann Heinrich Wilhelm Tischbein (1789, Öl auf Leinwand).

Zu den Erinnerungsstücken, die Anna Amalia von ihrer Italienreise mitbrachte, zählten auch sieben Fächer.

Hoffmann, dessen Nachfahren noch heute die Buchhandlung betreiben. Sie ließ Bücher auf Auktionen ersteigern oder bestellte direkt aus Italien. Das wohl teuerste Buch ihrer Sammlung war das „*Museum Florentinum*", das sie für 110 Taler aus der Sammlung Poppo von Greiners ersteigern ließ.

Vom 4. Oktober bis 31. Dezember 1788 weilte Anna Amalia in Rom. Sie reiste dann für sechs Wochen nach Neapel, um nochmals für drei Monate nach Rom zurückzukehren. Ende Mai 1789 war sie wieder in Neapel und blieb ein Jahr lang, bevor es zurück nach Weimar ging.

„*Unser Leben ist ein wenig bunt; gelehrt und ungelehrt, vertraulich und im Gleis der Etikette, mit großer und kleiner Welt*", schilderte von Einsiedel in einem Brief an Carl Ludwig von Knebel.

Sie machte in Rom die Bekanntschaft des Malerehepaars Angelika Kauffmann und Antonio Zucchi, von

Goethes altem Zimmergenossen Friedrich Bury, von Johann Georg Schütz, Maximilian Verschaffelt und Johann Heinrich Meyer.

Anna Amalia musizierte, sie malte, sie pflegte Geselligkeiten. Oft war Herder dabei, der als „Bischof von Thüringen" in Rom verehrte Gelehrte. Anna Amalia ging ins Theater, pflegte Konversation. „Man erzeichte mir viel Ehrerbietung, mir kam alles comisch vor wie die ganze Römische Nation", notierte Anna Amalia. So ganz glücklich war die Herzogin darüber wohl nicht. Sie empfand die gesellschaftliche und diplomatische Anerkennung als Fessel, die ihre Freiheit einengte.

Letztendlich stellte die Herzogin einigermaßen enttäuscht fest: „Eine Italienische conversazione ist das aller abgeschmackteste was man sich denken kan."

Sie vermisste den gepflegten Gedankenaustausch, beobachtete „ziemlich viel Witz aber zu nichts gescheutes", aber immer eine Lebhaftigkeit, wie sie der Weimarer Herzogin bis dahin unbekannt war. „Mit Loben, mit Höflichkeit kommt man mit dem Italiener gut, aber mit sentiments kommt man Ihm nicht an, denn sie haben keine", notierte sie am 4. November 1788 in ihr Reise-Journal.

Dass ihre Eindrücke von Italien, ihre Erlebnisse der Nachwelt so ausführlich überliefert sind, ist der Herzogin und ihrer Hofdame Luise von Göchhausen zu danken, die in ihren Tagebüchern akribisch notierten, was sich an Bemerkenswertem ereignete.

Während ihres Aufenthaltes in Rom bewohnte Anna Amalia die „Villa Malta", auf dem Monte Pinicio inmitten von Orangenhainen und Blumen gelegen. „Außer hauß ißt die Herzogin bei niemanden zu Mittag (Da sie ihrer Gesundheit wegen alle grose und Ministerial Diners verbeten hat) als beym Cardinal Staats Secretair Boncompagni, den Cardinal Bernis und den Spanischen Gesanden Cavallier Azara", teilte die Göchhausen dem daheim gebliebenen Wieland mit und erläuterte: „*Diese Diners sind meist sehr interessant, weil nur wenige aber vorzügliche Personen dazu eingeladen werden (...) Da die Herzogin nur wenig Personen zu ihrer Abendgesellschaft aufgenommen, weil sie sonst genöthiget gewesen wär alle Abend für halb Rom zu Hause zu seyn, so bringt der Cardinal nur einige der besten und interessantesten mit sich, die denn von 7 Uhr Abends freyen Zutritt haben, und ich darf wohl behaupten, daß man nicht leicht in besserer Gesellschaft sich befinden kan.*"

In großen Abendgesellschaften traf man die Herzogin nach dem Bekunden ihrer Hofdame nur selten an. Höhepunkt ihres ersten Romaufenthaltes aber war für die Weimarer Herzogin zweifellos die Audienz bei Papst Pius VI. Ihrem Bruder Herzog Friedrich August von Braunschweig (1740–1805) schrieb sie am 22. November 1788 mit viel Humor: „*... ich werde ihm in seinem Zimmer vorgestellt werden, ganz allein und selbst eingeschlossen, also daß ich mit ihm bec à bec sein werde, aber ach das ist nicht mehr à la Mode que l'esprit descend pour faire l'aimable avec une jolie femme. Ich*

Den Briefbeschwerer mit dem Mikromosaik des Petersplatzes in Rom schenkte die Herzogin Christoph Martin Wieland.

bin nach meiner Audienz großmütig gegen Dich, ich
werde mit Dir meine Heiligkeit, mit der ich umgeben
sein werde, teilen." Die bezaubernde Angelika Kauffmann begann in Rom ein Porträt von Anna Amalia. Bald gehörte die Malerin zum engsten Freundeskreis der Herzogin. *„Den Abend waren wir bey der Angelica, die sich fleisig zu uns hällt. Bey diesen ist der alte Reiffenstein ein gar lieber und lehrreicher Gesellschafter, er wird ordentlich wieder jung und will die Herzogin gar nicht aus den Augen lassen. Gewöhnlich kommt er Vormittags und bleibt bis Abends beynahe 10 Uhr, da geht's denn überall in ganz Rom herum, bis Mittags, wo die Minestra sehr gut schmeckt, und Abends versammeln wir uns um einen grosen runden Tisch, wobey gezeichnet und geschwäzt wird",* berichtete die Göchhausen nach Hause. Zum Jahreswechsel trieb die Kälte Herzogin Anna Amalia und ihre Entourage fort aus Rom. *„Seit 8 Tagen man sich von der Seite beynahe Illusion machen könnte, man sei in Teutschland",* meinte die Göchhausen in einem weiteren Brief an Goethe: *„Zum Herumlaufen wenigstens ist jetzt keine Zeit, und da will die Herzogin nach Neapel sich an den Vesuv zu wärmen, der ganz unbändig seyn soll."*

VON ITALIEN INSPIRIERT

Wenn jemand die gesellschaftlichen Umgangsformen nicht beherrscht, sagt man: „Er hat seinen Knigge nicht gelesen", den Leitfaden der guten Manieren. Adolf Freiherr von Knigges (1752–1796) berühmtes Werk *„Über den Umgang mit Menschen"* erschien 1788, jenem Jahr, in dem Herzogin Anna Amalia sich auf die beschwerliche Reise nach Italien machte. Sie beherrschte selbstverständlich sowohl alle Anstandsregeln wie auch die Klaviatur des guten Tons. Ganz privat kann eine Fürstin in der Öffentlichkeit nie sein. So wahrte sie auch in Italien die schwierige Balance zwischen den Zwängen der Etikette und Privatem. Sie wurde in die ehrwürdige Dichtergesellschaft der *Arkadia* aufgenommen, von den Würdenträgern Roms zu Banketten eingeladen und vom Papst in Privataudienz empfangen.

Auch in Neapel wechselten Besichtigungen mit einfachen Geselligkeiten in kleinem Zirkel, Opernbesuchen und Hofgesellschaften. Am 5. Januar 1788 war Anna Amalia in Neapel eingetroffen. Und von da an übernahm der Goethe-Freund Johann Heinrich Wilhelm Tischbein die Rolle des Reiseführers. Besichtigt wurden die Grabungen in Pompeji und Herculaneum, Gemälde, Statuen und weitere Überreste, die im königlichen Palast von Portici aufbewahrt werden. Sie lernte Philipp Hackert und andere Künstler kennen. Giuseppe Capece-Latro, Erzbischof von Tarent, wurde als *„ein ganz vortrefflicher Mann und ein anderer Hecht als unsere Teutschen Bischöffe"* (Luise von Göchhausen) geschätzt.

Sie kehrte nach Rom, für Anna Amalia die Stadt der lebendigen Antike, zur Karnevalszeit zurück. Der Aufenthalt blieb ein Intermezzo. Doch währte dieser immerhin so lange, dass Angelika Kauffmann ihr Amalia-Porträt beenden konnte. Es zeigt die Herzogin in einem griechischen Gewand vor einer Büste der Pallas Athene mit Landschaftsausblick auf das Colosseum. Das Original kehrte erst vor kurzem wieder nach Weimar zurück.

Am Osterfest bestaunte man das Zeremoniell von der nächtlichen Auferstehung bis zur Illumination der Engelsburg. Ende April unternahm die Gesellschaft Ausflüge in die Albaner und Sabiner Berge, zum Albaner- und Nemi-See. Als man in einer der Alleen der Villa d'Este rastete, prägte sich dieses Bild dem Künstler Johann Georg Schütz so nachhaltig ein, dass er es später aus der Erinnerung in einem Aquarell nachempfand.

Am 19. Mai reiste Anna Amalia mit ihrer Entourage zurück nach Neapel, wo eine der Villen in Portici, am Fuße des Vesuvs bezogen wurde. Eine „privilegierte Aussteigerin", die am Ende 65145 Taler und 11 Gulden in ihre Bildungsreise aus ihrer Privatschatulle investiert hatte. Nur Herder hatte sich fünf Tage zuvor von Rom aus wieder auf den Heimweg zu Frau und Kindern in Weimar gemacht. Für die Italienreisenden aber begann eine abwechslungsreiche Sommerfrische. Ausfahrten ans Meer wechselten mit volkstümlichen Belustigungen, Kirchen- und Straßenfesten, Theaterbesuchen und Konzerten, Gesellschaften. Johann Heinrich Wilhelm Tischbein, der das berühmte Bild Goethes in der Campagna schuf, hielt auch Anna Amalia auf der Steinbank des Grabmals der Priesterin Mamia in Pompeji im Bild fest. „*Tischbein malte mich*", vermerkte sie am 24. Juni 1789 in ihren Reiseaufzeichnungen. Das Bild fand ihren Beifall nicht, und Luise von Göchhausen formulierte mit spitzer Feder: „*.... es ist nicht gut ausgefallen, es ist alles ineinander. Das Colorit ist schlecht, in denen Physiognomien kein Ausdruck, so klumpig.*" Das Original, das 1924 in den Besitz der Großherzoglichen Familie nach Schloss Heinrichau in Schlesien kam, hängt heute im Museum der Klassik Stiftung Weimar.

Vordere Seiten:
Anna Amalia lernte
den Maler Jakob
Philipp Hackert (1737–
1807) in Neapel ken-
nen. Wie er den Golf
von Sorrent in seinem
Ölgemälde sah, emp-
fand auch die Herzogin
die als arkadisch
erlebte Landschaft um
Neapel.

Die schöne Natur und die Musik entzückten die nun sesshaft gewordenen Reisenden stets aufs Neue. Es zog sie bei Ausflügen nach Apulien und auch auf die Insel Ischia. Sie genossen ihr Elysium aus vollen Zügen. *„O liebster Freund, welch ein Land ist dies!"*, jubelte Luise von Göchhausen in einem Brief an Wieland am 3. Februar 1789: *„Hier ist das Land der Wunder, hier wirkt die Natur sichtlich in all ihrer Größe. Dieses Klima, diese Vegetation, selbst diese Menschen!"*

Die ersten Nachrichten aus Frankreich von der Einberufung der *États généraux*, der Generalstände (5. Mai 1789), vom Sturm auf die Bastille (14. Juli 1789), vom Aufstand der Bauern und der Flucht des Adels erreichten sie wie von einem anderen Stern.

„Was die französische Revolution betrifft, so traue ich mir nicht, darüber zu urteilen. Aber ich glaube, man könnte über den jetzigen Zustand der Franzosen einem gewissen Griechen nachsprechen, der zu Solon sagte: chez vous les sages discutent et les foux dècident. Bis jetzt ist es noch eine völlige Anarchie, ob etwas Gutes herauskommen wird und kann, muß die Zeit lehren. Man erwartet hier viele französische Prinzen mit Weib und Kindern", schrieb Anna Amalia an Knebel, der sie zur Rückkehr nach Weimar aufgefordert hatte.

Die Wochen gingen ins Land. *„Zwei Abende der Woche füllt das Theater aus, zwei andere Abende Konzerte in unserm Haus, wo sich der Kreis der Zuhörer täglich mehrt. Die übrigen Abende besuchen wir die sog. Akademien der Nobili und Amici wechselweis und dann und wann eine Konversation. Die Morgen werden auf der Gitarre verklimpert, die Nachmittage verschlafen. Portici oder der Pausilipp dienen zu Spazierfahrten, und was unter dem Fittich der Nächte vorgeht, das soll meine Feder nicht enthüllen!"*, berichtete Einsiedel dem bereits wieder in Weimar weilenden Herder.

Herbst und Winter verstrichen, und erst im Frühjahr 1790 ließ Anna Amalia in Neapel ihre Koffer packen. Am 6. Mai, einen Monat nach der Abreise, traf sie in Venedig auf Goethe, der der Herzogin entgegengeeilt war.

In Weimar suchte man ihr die Eingewöhnung zu erleichtern. Herder war voll des Mitgefühls: *„Du weißt",* schrieb er an Goethe, *„wie es einem ist, der aus Italien soll, und Du kannst Dir denken, wie es ihr sein wird, die in Weimar nichts Lockendes vor sich findet."*

Die Eingewöhnung fiel ihr tatsächlich schwer: *„Ich bin nun seit einigen Tagen wieder in Weimar",* schrieb Anna Amalia am 4. November 1790, *„das Laub fällt ab, ich sah also nichts auf meiner belvederischen Höhe als nackte Bäume. ... In der Stadt ist es zwar nicht viel besser, auch suche ich mich hier mit meinen italienischen Kunstsachen zu beschäftigen, um meinen Geist in Heiterkeit zu erhalten."*

Als Anna Amalia diese Zeilen an Carl Ludwig von Knebel schrieb, war sie bereits mehr als vier Monate wieder in Weimar. Sie trauerte den mediterranen Gefilden nach, ihrer Wärme und Schönheit. Sowohl das Wittumspalais als auch Tiefurt waren durch Wasserschäden unbewohnbar.

Kupferstiche hatte sie aus Italien mit nach Weimar gebracht, kleine Plastiken, Kopien nach den besichtigten Kunstwerken der Antike und der Renaissance, Partituren und Notenabschriften, Leuchter, Landschaftsaquarelle und Gemälde und Fächer mit Motiven italienischer Landschaften. Papst Pius VI. hatte ihr ein Mosaik des Konstantinsbogens in Rom geschenkt, in den vatikanischen Werkstätten gefertigt.

Bestehen blieb der Briefwechsel mit Angelika Kauffmann in Rom und Heinrich Wilhelm Tischbein. Ihre Erinnerungen versuchte Amalia musizierend und schreibend zu erhalten. Herder äußerte nach der Lektüre: *„Vom Pantheon bis ans Ende hat sie mich mit Begeisterung festgehalten und mit jedem Wort mich an Ort und Stelle versetzt."*

RÜCKZUG IN DIE WELT DER MUSEN

Zurück in Weimar fand Anna Amalia ein politisches Klima vor, in dem einige „Schwarmgeister" sich für die Forderungen der französischen Revolution begeisterten: Freiheit, Gleichheit, Brüderlichkeit. Die neuen Ideale schlugen Wieland, Herder, Knebel und Einsiedel in ihren Bann.

Der Hof und also auch Anna Amalia verhielten sich abwartend. Von einem größeren Einsatz gegen das revolutionäre Frankreich blieben die Weimarer Soldaten bis zum Beginn der Koalitionskriege verschont. Wer so lange fort war, hat es schwer, sich rasch wieder in der nun ungewohnten alten Umgebung zurechtzufinden. Da machte Anna Amalia keine Ausnahme. Die Geselligkeiten im Wittumspalais, das sie 1776 bezogen hatte, und in Tiefurt wurden fortgesetzt.

Wittumspalais, Witwensitz Anna Amalias, historische Zeichnung o.J.

Georg Melchior Kraus (1737–1806) hat der Nachwelt in einem Aquarell überliefert, wie es bisweilen bei den Tafelrunden zugegangen sein mag. Es beschreibt eine verschwiegene Gesellschaft, die Kraus mit dezenten Farben aufs Papier bannte: Die Köpfe gesenkt, scheint jeder Zwiesprache mit sich selbst zu halten. Nur Herder blickt sinnend in unergründliche Ferne. Es wird gezeichnet, geschrieben, gelesen. Erst bei den Freitagsgesellschaften, die Goethe 1791 ins Leben rief und die sich bis 1795 an jedem ersten Freitag im Monat im Wittumspalais trafen, wurde eifrig diskutiert, wurden künstlerische und literarische ebenso wie naturwissenschaftliche Themen verhandelt. Doch Impulsgeberin war nicht mehr Anna Amalia.

„Den literarischen Kreisen ist sie kein belebendes Element mehr", der Geselligkeit gab sie *„kaum noch Anstöße".*

1791 geht zudem als jenes Jahr in die Geschichte ein, in dem Goethe die Intendanz des neuen Hoftheaters übernahm. Einfluss auf Spielplan und Theaterarbeit hatte die Herzogin damit keinen mehr. Für das Gastkonzert eines Flötenvirtuosen beispielsweise musste sie einen Antrag an die Theaterleitung stellen. Auch die von ihr hoch geschätzte Kammersängerin Luise Rudorf wurde von Goethe als „unbrauchbar" am Theater abgelehnt.

Nach solchen Erfahrungen verwundert es nicht, dass Anna Amalia künstlerische Darbietungen, Patronage und eigenes Dilettieren auf den engen Kreis ihres Hofes beschränkte. Noch 1792 erklärte die Herzogin ihre Italienreise zur *„glücklichsten und unbeschwertesten Phase ihres Lebens."* In ihrem Stand lebe man fast nur für andere und selten für sich selbst (*„on ne vie que pour les autres et bien rarement pour nous même"*).

Seit ihrem 16. Lebensjahr, seit ihrer Vermählung mit Prinz Ernst August II. Constantin von Sachsen-

Hofrath R. Meyer. 2. Frau v. Fritsch geb. v. Wolfskeel. 3. G. R. v. Goethe. 4. G.
8. Frß. Emilie Gore. 9.

Einsiedel. 5. Herzogin Anna Amalia. 6. Frz. Elise Gore. 7 Charles Go
Knebel? 10. Praes. v. Herder?

Weimar, bis zu ihrer Italienreise habe sie sich diesem Diktat unterworfen. Erst in Italien konnte sie wieder zu sich selbst finden. Mit ihrer Rückkehr habe sie sich *„der Welt zurückgegeben"* (*„Je suis redonnè au monde"*). Es war ihr Los, und sie fügte sich, von klein auf ans Hofzeremoniell gewohnt, klaglos. Doch das Schicksal fasste die Herzogin nicht mit Samthandschuhen an. Die Auswirkungen der französischen Revolution trafen auch sie hart. Zunächst aber schien sich alles dem Guten zuzuwenden: Am 30. Mai 1792 wurde Anna Amalias drittes Enkelkind geboren, Prinz Bernhard.

Zwei Monate später begab sich die Herzogin abermals auf die Reise, um in Quedlinburg ihre Mutter Philippine Charlotte zu treffen. Nur zwölf Tage war sie fort. Offizieller Anlass der Reise ist die Amtseinführung ihrer Schwester Auguste Dorothea als Pröbstin des Stifts von Quedlinburg gewesen. Begleitet wurde Anna Amalia wiederum von Luise von Göchhausen und von Einsiedel. Es sollte das letzte Mal sein, dass Anna Amalia mit ihrer Mutter zusammentraf. Philippine Charlotte starb hochbetagt im Februar 1801.

Beide Söhne Anna Amalias nahmen an jenem Feldzug teil, den Carl Wilhelm Ferdinand von Braunschweig von 1792 bis 1794 als Führer des preußischen Heeres gegen die französische Revolutionsarmee befehligte. Ihr jüngster Sohn kehrte davon nicht lebend zurück. Prinz Constantin starb am 6. September 1793 an einem typhösen Fieber in Wiebelskirchen an der Saar. Constantins Leichnam wurde nach Eisenach überführt und in der dortigen Marktkirche beigesetzt. Im Tiefurter Park ließ ihm Anna Amalia ein Denkmal setzen: *„Im zweiten Jahr des unseligen Krieges, der auch ihn hinwegnahm, Ihrem zweiten und letzten, zu früh geschiedenen Sohn Constantin, trauernd Amalia. Den gebildeten Jüngling, den werdenden Mann entriß die Parze."* Ihrem Bruder Friedrich August schüttete Anna Amalia am 15. September 1793 ihr Herz aus: *„... lie-*

50

ber Fritz, ich weiß, daß Du mit einer Mutter leidest, die sich in der größten Betrübnis befindet und daß Du teilnimmst an meinen lebhaften Schmerzen."

Anna Amalia bewegte nun auch die Sorge um den ältesten Sohn. *„... Ach, es bleibt mir nur ein Sohn, von dem ich mir auf jeden Augenblick traurige Nachrichten zu vergegenwärtigen habe, Gott behüte mich davor und führe ihm sein Herz auf Friedensgedanken ..."*

1794 kehrte Carl August nach Weimar zurück, und 1796 schloss er sich der Neutralitätspolitik Preußens an. An Caroline Herder schrieb Anna Amalia vor dem Friedensschluss ahnungsvoll: *„Frieden bekommen wir gewiß balde, aber was für einen, das lasse ich den Göttern hingestellt seyn. Von dem rühmlichsten wird er wohl nicht seyn ... In Tiefurt ist Friede und Ruhe."*

Von 1792 an wurde ihr Tiefurt wieder mehr und mehr zum *„Rückzugsort"*: Die Herzogin und ihr Kreis gestalteten das *„Rustizieren"* fern von Hof und Stadt zu einer den Musen gewidmeten Gegenwelt.

„Um nicht so finster zu werden wie unser Horizont ist", begann Anna Amalia im Frühjahr 1797 die Eindrücke der Italienreise in Form von Reisebriefen zu fixieren. Sie versetzte sich *„die Zeit über so viel wie möglich nach Rom."*

MUSIK ALS
LEBENSLANGE PASSION

Als Anna Amalia 1756 nach Weimar kam, hatte ihr Gemahl Ernst August II. Constantin wenige Monate zuvor eine neue Hofkapelle unter Leitung von Johann Ernst Bach, Patensohn des berühmten Johann Sebastian, gegründet. Seine junge Gemahlin wird es mit Wohlgefallen registriert haben.

Musik gehörte von klein auf zu ihrem Bildungskanon, sie war für die heranwachsende Braunschweiger Prinzessin nicht nur Pflicht, sondern vor allem Kür. Anna Amalia liebte die Musik. Von ihrem siebten Lebensjahr an erteilte ihr der herzogliche Hofmusiker und Organist Friedrich Gottlob Fleischer Musikunterricht.

Später notierte er in seinen Aufzeichnungen, dass Anna Amalia *„schon vorhero gelernt hatte, also brauchte ich nicht von vorn anzufangen."*

Ihre Eltern Philippine Charlotte und Carl I. förderten am Hof zu Braunschweig Theater und Musik, insbesondere italienische und französische Komponisten. Möglicherweise wurde die Musik für Anna Amalia schon früh ein Ventil, weil sie sich als junge Prinzessin ständig hinter ihren Geschwistern zurückgesetzt fühlte. Sie lernte, Musik nicht nur zu hören und selbst zu musizieren, sondern das Gehörte auch kenntnisreich zu beurteilen.

Obwohl die junge Regentin nach dem frühen Tod ihres Gemahls 1758 genügend Pflichten zu erfüllen hatte, versuchte sich Anna Amalia als Komponistin. So komponierte sie 1765 eine *„Sinfonia a due Oboi, due Flauti, due Violini, Viola e Basso"*. Zu Ostern 1768 wurde am Weimarer Hof ein von ihr geschriebenes Oratorium aufgeführt. 1776 vertonte sie Goethes Singspiel *„Erwin und Elmire"*, das am 24. Mai 1776 vom Weimarer Liebhabertheater erstmals aufgeführt und mehrfach wiederholt wurde. Verbürgt ist auch

Herzogin Anna Amalia, Ölgemälde von Johann Georg Ziesenis, um 1769.

ein Divertimento für Klavier, Klarinette, Viola und Violoncello aus der Feder der Herzogin (1780). Insgesamt sind neun Kompositionen von ihr bekannt. Doch war Musik nicht nur höfische Zerstreuung für sie. Auch am Hof zu Weimar behielt sie ihren Musikunterricht bei. Ernst Wilhelm Wolf, seit 1761 zunächst Hoforganist und Konzertmeister, ab 1764 Kapellmeister, unterrichtete die Regentin im Klavierspiel.

Obwohl der Siebenjährige Krieg (1756–1763) das kleine Herzogtum zu äußerster Sparsamkeit zwang, erlebte das Theater unter der Regentschaft von Anna Amalia einen deutlichen Aufschwung. Auf Wunsch der Musik liebenden Herzogin konzentrierte sich der Spielplan zunächst, damals noch in der Hofburg, auf Singspiele, vornehmlich von Christian Felix Weiße und Johann Adam Hiller.

Hiller war es auch, der erstmals öffentlich in seiner Schrift *„Wöchentliche Nachrichten und Anmerkungen die Musik betreffend"* von der komponierenden Herzogin sprach. Später hat er ihr seine *„Anweisung zum musikalisch-zierlichen Gesange"* gewidmet: *„Dass Ew. Hochfürstl. Durchlaucht es nicht an einem bloßen unthätigen Wohlgefallen an derselben* [Anm.: der Musik] *bewenden lassen, sondern selbst eine hohe Stufe der ausübenden Kunst erstiegen haben, und in ihre theoretischen Geheimnisse tief eingedrungen sind"*, würdigte der Leiter des Leipziger Großen Konzerts, der späteren Gewandhauskonzerte, 1780 mit seinem Gesangslehrwerk.

Anna Amalia baute sich eine beachtliche Notensammlung auf. Dafür erwarb sie Musikalien und Theaterstücke aus den europäischen Musikmetropolen. Bevor sie ihre Italienreise antrat, suchte sie sich mit Arien und Partituren italienischer Opern fortzubilden. Gewiss geht eine Herzogin nicht selbst in eine Musikalienhandlung und ordert das Gewünschte. Sie ließ bestellen oder bestellte selbst.

Nach Übergabe der Regentschaft an ihren Erstgeborenen Carl August hatte sie deutlich mehr Zeit für ihre Leidenschaft, die Musik. Sie lud zu kleinen Liebhaberkonzerten ein. Überliefert ist auch, dass Carl August bisweilen selbst mitmusizierte. *„Donnerstags war bei der verwittweten Herzogin Amalia Quartettmusik von Streichinstrumenten, wobei Karl August zuweilen die Cellopartie übernahm, aber nicht gut Tact hielt. Er entschuldigte sich gewöhnlich mit zu lebhaftem Temperament und Ängstlichkeit. Kammermusikus Unrein wollte ihn deshalb beruhigen und sagte: Durchlaucht haben das nicht nöthig, wir sind ja unter uns"* (Eberwein).

Fünfchörige Barockgitarre, die vermutlich aus dem Besitz Anna Amalias, die selbst gern Gitarre spielte, stammt.

Für Anna Amalia war das Musizieren im privaten Kreis Erholung: *„ ... ich für meine Person existire diesen Winter in der Musik"*, schrieb sie 1785 an Carl Ludwig von Knebel, *„sie ist ein Cordial für schwarzes schweres Blut, denn es steht in der Bibel, daß König Saul seine schwarze Melancholie damit vertrieben habe; glauben Sie darum nicht, lieber Knebel, daß ich mich in Umständen Sauls befinde."*

Sie selbst spielte Flöte, wohl auch Gitarre, und natürlich Klavier. Sie komponierte und verfasste musiktheoretische und musikästhetische Schriften. In Rage brachten sie Musikliebhaber, die sich anmaßten, Urteile zu fällen, ohne dafür die Qualifikation zu besitzen: *„Ein jedes mittelmäßige Talent, und mancher Liebhaber dünkt sich zu dieser Kunst berufen zu seyn, und maßet sich das Recht an, aller (...) Urtheile zu fällen, ohne die wahre Schönheit zu kennen",* schrieb sie in ihren *„Gedanken über die Musick".*

In ihrer Tafelrunde hatte und nutzte sie die Gelegenheit, mit Kennern und Könnern auch über Musik zu diskutieren. Über ihren 1799 verfassten Essay *„Gedanken über die Musick"* schrieb Herder: *„Die Abhandlung ist (nach meinem wenigen Urteil) mit der Richtigen Weisheit und Präzision geschrieben; jede Behauptung derselben ist so linde und doch so bestimmt gesagt (...), das ich die Abhandlung mit einem eben so süßen Gefühl endigte, wie man den letzten Ton einer Musick hört."*

Deckblatt und Ausschnitt zur Notenhandschrift Anna Amalias Oper „Erwin und Elmire".

Erwin und Elmire

Oper

von

Goethe

componirt

von

Anna Amalia

Herzogin zu Sachsen
Weimar, February

BILDENDE KUNST
STUDIEREN UND SAMMELN

Auch im Zeichnen entwickelte Anna Amalia einiges Geschick. Seitdem sie ihrem Erstgeborenen die Regentschaft übergeben hatte, blieb ihr auch dazu Muße – im Ettersburger Hoflager beispielsweise, das sie einrichten und vervollkommnen ließ. Dort in der Hügellandschaft widmete sie sich ihrer künstlerischen Neigung.

„Die Fürstin sizt im dunklen Wald / Auffmerksam wie ein Mäusgen / Und mahlt den holden Auffenthalt / Mit Hülffe ihres Kräusgen", dichtete Oberhofmeister von Putbus im Juli 1776. Mit *„Kräusgen"* meinte er Georg Melchior Kraus, dessen didaktische Fähigkeiten in verschiedenen künstlerischen Techniken Amalia schätzen lernte.

Immer bedauerte die Fürstin, dass sie *„etwas zu spät angefangen habe dem zeichnen mich zu widmen."* In ihrer Jugend gehörte Zeichenunterricht nicht zu ihrem Lehrplan. Viel ist es darum nicht, was an Zeichnungen, Aquarellen und Radierungen aus ihrer Hand überliefert ist, in der Mehrzahl zwischen 1776 und 1784 entstanden – Landschaften zumeist. Jene kleine *„Landschaft mit Haus und Baumgruppe"* etwa, die sie mit Pinsel, Kreide und Feder 1776/77 fertigte. Oder die lavierte Bleistiftzeichnung *„Landschaft mit Fluss"* von 1781. Es sind Arbeiten, die von der Empfindsamkeit der Herzogin und ihrer Hinwendung zur Natur erzählen.

Immer brachte sie in ihre Darstellungen Spuren menschlicher Ansiedlungen, eine *„Einsiedeley"*, Bauernhäuser oder auch nur Brunnen. *„Die Musen begleiten Olympien auf dem Pfade der Natur durch den Morgentau und leiten sie auf ihre schönste Spur"*, heißt es in Christoph Martin Wielands Gedicht *„An Olympia. Zweyerley Götterglück"*: *„Und wenn sie an einem*

Gartenpavillon am Wittumspalais (Ausschnitt). Das Aquarell wird Anna Amalia zugeschrieben. Der „Chinesische Pavillon" wurde mit Fresken von Adam Friedrich Oeser, Goethes Zeichenlehrer aus der Leipziger Zeit, ausgestattet. Der Pavillon, aus den Resten eines alten Stadtturms umgebaut, wurde 1818 abgetragen und hinter der Orangerie in Belvedere wieder aufgestellt.

Georg Melchior Kraus war künstlerischer Berater und Zeichenlehrer der Herzogin.

Stamme gelehnt, mit liebender Begier/Was sie erblickt und fühlt/sich sehnet auszudrücken,/So reichen sie den Bleystift ihr.*

In dem Maler und Radierer Georg Melchior Kraus, 1775 nach Weimar gekommen und ab 1776 erster Direktor der Freien Zeichenschule, hatte sie einen unverzichtbaren künstlerischen Beistand und Mentor. Er half bei Bildkomposition und Perspektive, bei der Auswahl der Technik. Sogar des Nachts war sie bei Zeichenstudien im Park an der Ilm, am Stern, anzutreffen, wo das Mondlicht und seine Wirkungen beobachtet werden sollten.

Kraus' idyllisch-romantische Darstellungen Weimars prägen entscheidend unsere bildhaften Vorstellungen vom Weimar der klassischen Zeit. Später ließ sich Anna Amalia von ihrem Lehrer einen optischen Kasten anfertigen und zeichnete mit Hilfe der Camera Obscura, *„um mit den Verhältnißen in der Natur recht bekannt zu werden."* Adam Friedrich Oeser ermunterte sie, Kupferstiche und Radierungen zu kopieren, um so eine sichere Hand für Proportionen zu erlangen. *„Und so kann man, wenn man in trüben Tagen bey betrachtung dieser Werke verweilt, doch in die heitere Natur schauen."* Erst später wagte sie sich an die Porträtmalerei. Für die notwendigen Malutensilien sorgte unter anderem Bertuch. So ist in den Schatullrechnungen Amalias eine Bestellung vom 2. September 1777 aktenkundig: *„1 Portefeuille aus rotem Maroquin"* wurde aus Leipzig geliefert, *„1/2 Dtd Engl.Bleystifte, 2 Stck Tusch."*

Was ihren Erwerb von Kunstwerken anging, setzte der bescheidene Finanzrahmen Grenzen. Ihr fehlten schlichtweg die Mittel, um systematisch eine große Gemäldesammlung aufzubauen. *„Die Finanzen seien nun mal eine Hauptsache beim Erwerb von Kunst",* beschrieb sie ihre Situation 1785 gegenüber Johann Heinrich Merck. Wohl darum entwickelte sie eine Leidenschaft für die preisgünstigen Kupferstiche und für Handzeichnungen.

In Johann Heinrich Merck hatte sie, die für sich lediglich einen Liebhaberstatus beanspruchte, einen wichtigen Berater auch bei ihren Kunstkäufen. In Italien standen ihr Aloys Hirt und vor allem Johann Friedrich Reiffenstein zur Seite. Die Herzogin beanspruchte für sich nicht, eine Kennerin zu sein, sie sah sich als Kunstliebhaberin, der die Kunst der eigenen sinnlichen Bildung diente. Für Anna Amalia standen unbeschwerter Genuss und die emotionale Empfindung im Vordergrund. *„So spielen wir noch immer fort mit Kunst und Kunstsachen, und so geht ein Tag nach dem andern Gottlob ruhig und fröhlich dahin."*

DIE MUSEN ALS FREUNDINNEN

„Ich sitze in meinem kleinen Thal und suche mir die Musen zu Freundinnen zu machen, und trotz dem Pariser Convent dem Barbarismus bey mir den Eingang zu versperren", schrieb Anna Amalia am 5. Juli 1793 aus Tiefurt an Goethe. Die Herzoginmutter stilisierte ihre *„petite Villeggiatura"*, wie sie dem Bruder Friedrich August darlegte, als Oase der Ruhe im Angesicht *„barbarischer"* Weltpolitik. *„Meine Seele leidet sehr an den jetzigen Unglücklichen Zeiten, die man leider nicht ändern kann, als in geduldiger Resignation sie auszuschalten und zu suchen so viel wie möglich sich darüber zu erheben ...",* gestand sie der Kammersängerin Luise Rudorf.

Anna Amalia war 54 Jahre alt. Ihre Melancholie und Düsternis verstärkten sich nach dem Tod ihres jüngsten Sohnes Constantin am 6. September 1793. Im August 1796 erwog die Herzogin aus Furcht vor einem möglichen französischen Einfall die Emigration. Doch sie blieb und schickte ihre Gedanken auf die Reise. Aus den 1790er Jahren datieren darum die meisten literarischen Versuche Anna Amalias: Märchen, Kurzgeschichten und Gedichte. So verfasste sie 1796 die galante Erzählung *„Le Soulier"* (Der Schuh), drei Episoden, in jeder spielt ein Schuh eine schicksalhafte Rolle. Es geht um leidenschaftliche, doch unerfüllte Liebe. Um Kunstkennerschaft drehte sich dagegen das 1795 entstandene Märchen, das Amalia in einer Stadt in Nubien spielen ließ. Versteckt sich in Arminius, den sie zum geistig-gesellschaftlichen Zampano der Stadt stilisierte, ein Fingerzeig auf Goethe?

Auch ihr *„Traum"* (1798) nahm sich des Themas Kunstkritik an. Sie bat zu Leserunden und Autorenlesungen. Herder, Goethe und Wieland, gelegentlich Knebel und ab 1799 auch Schiller trugen aus ihren Werken vor.

Vordere Seiten:
Der Weimarer Mu-
senhof. Schiller (links)
liest in Tiefurt. Ölbild
von Theobald von Oer
(1860).

„*Verschwunden sind die Hohen Harmonien, die mir des Lebens trübe Bilder rasch verwehten*", klagte sie in einem 1798 entstandenen Gedicht. Wieland und Herder blieben ihr wohlwollende Ratgeber. Die Fürstin flüchtete sich, zumindest gedanklich, wiederum nach Italien und schrieb ihre Reiseerinnerungen (*„Briefe aus Italien"*).

Sie selbst ging nur noch wenig auf Reisen – und wenn, blieb sie nie länger als drei Monate fort: 1792 zog es sie nach Quedlinburg, 1797 zum Kuraufenthalt nach Kissingen, 1803 nach Dresden, 1805 nach Eisenach. Ihre letzte Reise war unfreiwillig: 1806 floh Anna Amalia vor den napoleonischen Truppen nach Göttingen.

Briefkontakte ersetzten mehr und mehr persönliche Begegnungen. Deshalb korrespondierte die Herzogin in ihren letzten Lebensjahren emsig wie selten zuvor: 111 Briefe sind aus den Jahren 1801 bis 1805 archiviert, im Fünfjahreszeitraum zuvor waren es 57 Korrespondenzen. Während sie als junge Frau das Französische bevorzugte, verfasste sie im Alter den überwiegenden Teil der Briefe in deutscher Sprache.

Abwechslung aber brachten ihr auch hochrangige Besucher. Anna Amalia lernte Madame de Staël kennen, empfing den Schriftsteller Jean Paul und den Wiener Phrenologen Franz Gall, dessen Vorlesungen sie in Jena besuchte.

Der Tod nahestehender Persönlichkeiten überschattete ihre letzten Lebensjahre. Am 16. Februar 1801 starb ihre Mutter Herzogin Philippine Charlotte in Braunschweig. Ende 1801 musste Wieland für immer Abschied nehmen von seiner Frau Dorothee. Er schloss sich daraufhin noch enger der Herzogin an. Am 18. Dezember 1803 starb Herder: „*Den unersetzlichen Verlust, den ich durch diesen Tod erfahren, kann ich nicht aussprechen*", bekannte Anna Amalia. Im Oktober 1805 wurde ihr Lieblingsbruder

Friedrich August, der zur Taufe von Anna Amalias erstem Urenkel angereist war, in Weimar vom Tode ereilt. Ein Jahr später verlor sie auch ihren Bruder Carl Wilhelm Ferdinand.

Lichtblick in diesen trüben Zeiten: als Maria Pawlowna am 9. November 1804 als Gemahlin ihres Enkels Carl Friedrich nach Weimar kam, war es Anna Amalia, die ihr die Eingewöhnung erleichterte. Sie bewunderte die Klugheit, Liebenswürdigkeit, die Grazie und wohl auch den Reichtum der neuen Enkelin. Luise von Göchhausen überlieferte: *„Diese gute Fürstin lebt nur in ihrer Enkelin, die sie mit kindlicher Zärtlichkeit liebt und auf einem zwanglosen, zutraulichen Fuße mit ihr lebt."*

Ausschnitt aus dem Gemälde „Einzug der Maria Pawlowna in Weimar 1804". Friedrich Preller hat diese Szene später für die Nachwelt erhalten

DIE LETZTEN JAHRE

Nicht zu Kunstschätzen oder entfernt wohnenden Verwandten führte die letzte Reise Anna Amalias, wie sie auch keineswegs der kulturellen Erbauung diente. Vielmehr flüchtete die Herzoginmutter auf Drängen ihrer Schwiegertochter Louise wie zuvor bereits Maria Pawlowna vor den anrückenden Truppen Napoleons und einer Belagerung Weimars.

Während die jung verheiratete Maria Pawlowna bis nach Schleswig reiste, wollte Anna Amalia am 14. Oktober 1806, zehn Tage vor ihrem 67. Geburtstag, ins heimische Braunschweig. Dort kam sie aber nie an. Mit ihrer 25-köpfigen Entourage, zu der auch die 20-jährige Enkelin Prinzessin Caroline und deren Bruder Erbprinz Carl Friedrich gehörten, ging es zunächst nach Erfurt.

„Napoleon am 16ten October 1806, früh 9 Uhr, im Begriffe aus dem Schloßhofe zu reiten, um die Umgebung Weimars zu besehen mit seinem Generalstabe unter Anführung des damaligen Oberforstmeisters v. Stein, wird von dem zur Zeit lebenden Viertelsmeister, Schuhmacher Mstr. Petri im Nahmen der Bürgerschaft fußfällig gebeten, der Plünderung Einhalt thun zu lassen." (Unterschrift des Originals.) Theodor Goetze del. als Augenzeuge.

„Dampf und Feuer schlug in die Wolken; auf der Chaussee retirirten schon Kavallerie und Bagage. Wie wir auf die Hälfte des Weges nach Erfurt zu kamen wurde es stiller, auch hörte die Retirade auf. Kaum waren wir einige Stunden in Erfurt, so kam die Nachricht, es stehe der Feind bereits 1 1/2 Stunden davor. Unsre Flucht aus der Stadt mit aller Kavallerie, Blessirten und Flüchtigen war fürchterlich. Mehr oder weniger wurden wir auf diese Weis über Langensalz, Mühlhausen bis Heiligenstadt gejagt", berichtete die mitreisende Luise von Göchhausen.

Göttingen wurde angesteuert. Von dort kehrte Anna Amalia über Kassel und Eisenach nach Weimar zurück. Es dürfte wohl der unruhigste Geburtstag ihres ganzen Lebens gewesen sein, obwohl die kleine Gesellschaft durchaus kulturvolle Zerstreuung suchte und fand. *„Voller Angst, Müdigkeit und Tausenden anderen Unannehmlichkeiten"* sei die Flucht gewesen, gestand die Herzoginmutter Maria Pawlowna in einem Brief. Sie sahen einander nie wieder. Erst nach zweijährigem Exil, am 12. September 1807, fünf Monate nach Amalias Tod, kehrte Maria Pawlowna nach Weimar zurück.

Trotz aller Strapazen hatte man in Göttingen noch Muße gefunden, die Bibliothek, ein Museum und den Botanischen Garten zu besichtigen. Auf der Kasseler Wilhelmshöhe ließ Anna Amalia sich die Wasserkunst vorführen. *„Hier ruhten wir wirklich aus",* berichtete Luise von Göchhausen, *„denn wir sahen weder Freund noch Feind."* Die Eisenacher schließlich *„wollten die Herzogin gar nicht wieder weglassen",* schrieb Luise von Göchhausen nach der Rückkehr an Wilhelm Böttiger, *„denn sie erschien ihnen wie ein Schutzgeist."* Immerhin hatte der französische Kommandant der besetzten Stadt die Herzogin *„mit der größten Aufmerksamkeit empfangen."*

Am 23. Oktober war Anna Amalia mit der kleinen Hofgesellschaft in Eisenach eingetroffen, einen Tag vor ihrem 67. Geburtstag. Indessen, die Sehnsucht nach Weimar trieb sie weiter. *„Den 30. kamen wir endlich noch wieder zurück",* überlieferte die Hofdame. *„Wir fanden Unglück und manches Elend und doch fanden wir auch Ursache Gott und unsrer trefflichen Herzogin (Louise) zu danken, dass es nicht noch schlimmer wurde."*

Anna Amalias Wittumspalais war unversehrt. Die Franzosen hatten eine Schutzwache hineinverlegt. Nur im Weinkeller sollen sie sich reichlich bedient haben. Dagegen sah es im Tiefurter Schloss wüst aus. Manches war zerstört, anderes geraubt.

Verkraften musste Anna Amalia auch den Untergang des Herzogtums Braunschweig-Wolfenbüttel. Ihr Bruder Carl Wilhelm Ferdinand, Oberbefehlshaber der preußischen Truppen in der Schlacht von Jena und Auerstedt, verlor gegen Napoleon. Braunschweig ging an das neue Königreich Westfalen. Carl Wilhelm Ferdinand starb am 10. November 1806 an den in der Schlacht erlittenen Verwundungen.

Anna Amalia sah ihre Familie untergehen. *„Mit großer Ruhe ertrug sie alle diese Ereignisse, versenkte ihren Schmerz in sich selbst",* schilderte Carl August Madame de Staël die Reaktion seiner Mutter. Anna Amalia selbst schrieb an Knebel: *„Ich beruhige mich mit dem Trost, dass ich ihn glücklich finde, nicht mehr die Schmach der Menschheit zu empfinden, die mehr als Tod ist und die Menschen zu Tieren heruntersetzt."*

Anna Amalia starb am 10. April 1807 im Wittumspalais an einem Schlaganfall. Der fiebrigen Erkältung in den Tagen zuvor hatte sie keine Bedeutung beigemessen. Sie fand in der Herderkirche ihre letzte Ruhestätte, im Altarraum neben ihrem in Weimar gestorbenen Bruder Friedrich August von Braunschweig.

„Gegen 3 Uhr morgens ging der Zug directe vom Palais durch die Rittergasse bis an die kleine Kirchen-

thür auf dem Töpfenmarkte, wo hinein der Sarg getra-
gen wurde."

Generalsuperintendent Ludwig Gottfried Voigt sprach bei der Einsenkung des Sarges ein kurzes Gebet und den Segen. Außer den Begleitern wurde niemand in die Kirche gelassen.

Mit Anna Amalia starb die Wegbereiterin der Weimarer Klassik, bereits zu Lebzeiten als Legende verehrt. *„Wir sind alle traurig und in Thränen; vielleicht ist kein Haus in Weimar, wo dieser edeln Fürstin nicht Thränen fließen",* schrieb ihr Bibliothekar Carl Ludwig Fernow. *„Sie zog die besten Geister an sich, wo sie sie fand, das wird nun in Weimar nicht mehr geschehen, und sind Wieland und Goethe einmal nicht mehr, so wird Weimars Glanz und Ruhm, den Amalia ihm erwarb, nur noch in der Geschichte leben."*

Goethe verfasste auf Bitten Carl Augusts den offiziellen Nachruf, darin würdigte er ihre Verdienste um Weimar: *„Sie gefiel sich im Umgang geistreicher Personen, und freute sich Verhältnisse dieser Art anzuknüpfen, zu erhalten und nützlich zu machen; ja es ist kein bedeutender Name von Weimar ausgegangen, der nicht in ihrem Kreise früher oder später gewirkt hätte."*

Die Grabplatte Anna Amalias in der Stadtkirche St. Peter und Paul (Herderkirche).

Christoph Martin Wieland:

AN DIE DURCHLAUCHTIGSTE HERZOGIN ANNA AMALIA

In der ersten Stunde des Jahrs 1783

Was hab ich, leider! ohne Frucht
an diesem Abend nicht versucht,
um, meiner Fürstin zu Preis und Ehren,
in dieser Gratulantenzeit
die dreimal drei Kastalische Dören
zu einem Liede zu beschwören?
Und weil die Musen sonder Streit
zur guten Geisterschar gehören,
die man (wie Doctor Obereit
und andre weise Männer lehren)
durch *Anziehn* nur gewinnen kann,
griff ich das Werk mit *Räuchern* an;
goß Storax und Borax, Musk und Mazis,
und Jusquiam und Aloës
und sieben andre Species
die Avicenna, Psellus und Razis
uns vorgeschrieben, auf Kohlenglut
in vollem Glauben und festem Mut,
die vorbesagten Kastalischen Feen
leibhaftig, alle drei zumal,
vor meinem Pult erscheinen zu sehen.
Der Rauch stieg, wie zu Alpenhöhen
ein Nebel aus einem engen Tal,
in Wolken hoch zum Sternensaal
empor – Allein, bei allen Busen
der großen Diana zu Ephesus!
wer, mir zum bittersten Verdruß,
nicht kam – das waren meine Musen.
Itzt fing mir, wie ich sagen muß,

die Galle mächtig an zu sprudeln.
»Nein!« rief ich, in meinem Zorn, »beim Styx!
So sollen die Jungfern mich nicht hudeln!
Erscheinen sie nicht augenblicks,
mit einem demutsvollen Knicks
ihr bestes Lied mir vorzududeln:
so soll, ich schwörs beim Wunderzahn
des Obermeisters aller Affen,
beim großen Zaubrer Hanneman,
so soll Hans Faust mir Recht verschaffen!«
Wiewohl ich mit Herrn Urian
sonst auf dem besten Fuß nicht stehe,
und, weil er mir von Jugend an
schon manchen bösen Tück getan,
ihm sonst gern aus dem Wege gehe,
für diesmal bringt die Not mich dran.
Es schlägt schon Eins! Bald kräht der Hahn
und auch ein Blatt nur voll zu reimen
ist keine Minute zu versäumen.
Zwar muß ich bekennen, *erlauchte Frau,*
mir ward ein wenig grün und blau
vorm Auge, da ich den ersten Bogen
zum Zauberkreis um mich gezogen.
Allein nun war der Rubicon
passiert, und nennt mir den Haymons Sohn
dem nicht das Herz, wenn's Ernst gilt, schlottert!
Genug, ich stund in meinem Kreis
und las – zwar freilich ein wenig leis –
(mit unter ward auch wohl gestottert)
mit hochemporgehaltnem Stab
den ganzen *Höllenzwang* herab,
durch den sonst, wie wir alle wissen,
die Geister unterm Monde stracks
auf allen Vieren, wie ein Dachs,
herangekrochen kommen müssen.
Allein, wo auch der Fehler gesteckt,
das Zauberwerk blieb ohne Effekt.

Zitieren kann jeder die Geister freilich;
doch, ob sie kommen wollen, das steht
bei ihnen! – »Unglücklicher Poet!
Ist dies dein Lohn? So lang und treulich
dienst du den Hexen vom Helikon
wohl sechs und dreißig Jahre schon
und drüber! Hast so treubeflissen
so manchen schönen Gänsekiel
in ihrem sauren Dienst zerbissen,
so manche Stanze gedreht, soviel
nach Reimen, wie Kakadus nach Nüssen,
und Baham nach Fliegen, haschen müssen,
und ach! so manches Ries Papier
für sie besudelt und zerrissen,
und das ist nun der Dank dafür!«

So rief ich mit gesenkten Ohren,
allein die Musen hörten's nicht;
und, Zauber, Rauchwerk, Öl und Licht
kurz, Malz und Hopfen war verloren!
Ja freilich im ganzen Heiligen Reich
ist diesen eigensinnigen Miezen
von alten zieraffischen Cantatrizen
kein Maid of Honour an Laune gleich.
Ich möchte wie Orlando rasen,
wenn ich bedenke, wie leicht es auch
den Mädchen war, mit Einem Hauch
die schönsten Verse mir einzublasen!
Nun sitz ich, sauge wie ein Gauch
am Daumen, ziehe mich bei der Nasen,
kratz hinterm Ohr, reib an der Stirne,
und strapaziere mein Gehirne
und melkte doch eher von einem Bock
den besten Wein aus Languedoc
als einen einzigen Fingerhut
voll Witz aus meinem Occiput.
Was nun zu machen? Allenfalls

gleich einem Schwan mit langem Hals
was am Gesange fehlt durch Heulen
ersetzen? Wir würden die Ehre zwar
Mit mancher *zehnten* Muse teilen:
doch scheint in solchen Fällen klar,
das Klügste sei zum Schlusse zu eilen;
denn Heulen quadriert doch nur auf Eulen,
und Persiflieren bringt Gefahr.
Drum wünsch ich ohne längeres Weilen
mit diesen treugemeinten Zeilen
Der Besten Fürstin zum neuen Jahr
Drei hundert Fünf und Sechzig Tage,
an denen von der ganzen Schar
der magern Sorgen keine nage:
auf jeden Tag an reinem Ertrage
stets volle vier und zwanzig Stunden
die Stunde zu Sechzig Minuten gezählt,
und jede Minute zu Sechzig Secunden,
und jede Secunde, daß keine fehlt,
von einem reinen Genuß beseelt,
mit etwas dessen man gerne sich wieder
erinnert wenn alles andre fehlt,
und frei von allem was Seel und Glieder
was Augen, Ohren und – Füße quält.
Im übrigen ist, zumal im Grünen
von Longus und von Lucian
als Kammerjunkern sich bedienen
zu lassen, immer wohlgetan.
Zwar sind die Herren, an denen man
sich schon zweitausend Jahre zu Tode
gelesen, ein wenig aus der Mode;
doch immer für eine Episode
noch gut genug, und haben auch
vor andern edeln Kammertieren
die Tugend und den löblichen Brauch
die Fürsten nicht länger zu ennuyieren
als Ihnen selbst belieben mag.

Das übrige alles was dieser Tag
zu wünschen pflegt, sei den Najaden
Sylphiden, Dryaden und Oreaden
und allen den geistigen *iden* und *aden*,
die mit der Sublunarischen Welt
gern oder ungern sich beladen,
ins Werk zu setzen heimgestellt!
Wohl dem, dem Alles wie's ist gefällt!
Und so empfehl ich mich zu Gnaden.

Christoph Martin
Wieland schreibend
dargestellt 1806,
eventuell von A.E.
Stark.

Johann Wolfgang von Goethe:

Zum feierlichen Andenken
der Durchlauchtigsten Fürstin und Frau

ANNA AMALIA,

verwitwete Herzogin zu Sachsen-Weimar und Eisenach,
geborene Herzogin von Braunschweig und Lüneburg.

Wenn das Leben der Großen dieser Welt, solange es
ihnen von Gott gegönnt ist, dem übrigen Menschengeschlecht als ein Beispiel vorleuchten soll, damit
Standhaftigkeit im Unglück und teilnehmendes Wirken am Glück immer allgemeiner werde; so ist die
Betrachtung eines bedeutenden vergangenen Lebens
von gleich großer Wichtigkeit, indem eine kurz
gefasste Übersicht der Tugenden und Taten einem
jeden zur Nacheiferung als eine große und unschätzbare Gabe überliefert werden kann.

Der Lebenslauf der Fürstin, deren Andenken wir
heute feiern, verdient mit und vor vielen andern sich
dem Gedächtnis einzuprägen, besonders derjenigen,
die früher unter ihrer Regierung und später unter ihren
immerfort landesmütterlichen Einflüssen, manches
Guten teilhaftig geworden, und ihre Huld, ihre Freundlichkeit persönlich zu erfahren das Glück hatten.

Entsprossen aus einem Hause, das von den frühesten Voreltern an bedeutende würdige und tapfere
Ahnherren zählt; Nichte eines Königs, des größten
Mannes seiner Zeit; von Jugend auf umgeben von
Geschwistern und Verwandten, denen Großheit
eigen war, die kaum ein ander Bestreben kannten,
als ein solches, das ruhmvoll und auch der Zukunft
bewunderungswürdig wäre; in der Mitte eines regen,
sich in manchem Sinne weiter bildenden Hofes, einer

Vaterstadt, welche sich durch mancherlei Anstalten zur Kultur der Kunst und der Wissenschaft auszeichnete, ward sie bald gewahr, dass auch in ihr ein solcher Keim liege, und freute sich der Ausbildung, die ihr durch die trefflichsten Männer, welche späterhin in der Kirche und im Reich der Gelehrsamkeit glänzten, gegeben wurde.

Von dort wurde sie früh hinweggerufen zur Verbindung mit einem jungen Fürsten, der mit ihr zugleich in ein heiteres Leben einzutreten, seiner selbst und der Vorteile des Glücks zu genießen begann. Ein Sohn entsprang aus dieser Vereinigung, auf den sich alle Freuden und Hoffnungen versammelten; aber der Vater sollte sich wenig an ihm und an dem zweiten gar nicht erfreuen, der erst nach seinem Tode das Licht der Welt erblickte.

Vormünderin von Unmündigen, selbst noch minderjährig, fühlte sie sich bei dem einbrechenden siebenjährigen Kriege in einer bedenklichen Lage. Als Reichsfürstin verpflichtet, auf derjenigen Seite zu stehen, die sich gegen ihren großen Oheim erklärt hatte, durch die Nähe der Kriegswirkungen selbst gedrängt, fand sie eine Beruhigung in dem Besuch des großen heerführenden Königs. Ihre Provinzen erfuhren viel Ungemach, doch kein Verderben erdrückte sie.

Endlich zeigte sich der erwünschte Frieden, und ihre ersten Sorgen waren die einer zweifachen Mutter, für das Land und für ihre Söhne. Sie ermüdete nicht, mit Geduld und Milde das Gute und Nützliche zu befördern, selbst wo es nicht etwa gleich Grund fassen wollte. Sie erhielt und nährte ihr Volk bei anhaltender furchtbarer Hungersnot. Gerechtigkeit und freier Edelmut bezeichneten alle ihre Regentenbeschlüsse und Anordnungen.

Ebenso war im Innern ihre herzlichste Sorge auf die Söhne gewendet. Vortreffliche verdienstvolle Lehrer wurden angestellt, wodurch sie zu einer Versamm-

Zum feyerlichen Andenken

der Durchlauchtigsten Fürstin und Frau

Anna Amalia,

verwittweten Herzogin zu Sachsen=Weimar und Eisenach,

gebornen Herzogin von Braunschweig und Lüneburg.

Wenn das Leben der Großen dieser Welt, so lange es ihnen von Gott gegönnt ist, dem übrigen Menschengeschlecht als ein Beyspiel vorleuchten soll, damit Standhaftigkeit im Unglück und theilnehmendes Wirken im Glück immer allgemeiner werde; so ist die Betrachtung eines bedeutenden vergangenen Lebens von gleich großer Wichtigkeit, indem eine kurzgefaßte Uebersicht der Tugenden und Thaten einem Jeden zur Nacheiferung als eine große und unschätzbare Gabe überliefert werden kann.

Der Lebenslauf der Fürstin, deren Andenken wir heute feyern, verdient mit und vor vielen andern sich dem Gedächtniß einzuprägen, besonders derjenigen, die früher unter ihrer Regierung und später unter ihren immerfort landesmütterlichen Einflüssen, manches Guten theilhaft geworden, und ihre Huld, ihre Freundlichkeit persönlich zu erfahren das Glück hatten.

Entsprossen aus einem Hause, das von den frühesten Voreltern an, bedeutende würdige und tapfere Ahnherren zählt; Nichte eines Königs, des größten Mannes seiner Zeit; von Jugend auf umgeben von Geschwistern und Verwandten, denen Großheit eigen war, die kaum ein ander Bestreben kannten, als ein solches, das ruhmvoll und auch der Zukunft bewundernswürdig wäre; in der Mitte eines regen, sich in manchem Sinne weiter bildenden Hofes, einer Vaterstadt, welche sich durch mancherley Anstalten zur Cultur der Kunst und Wissenschaft auszeichnete, ward sie bald gewahr, daß auch in ihr ein solcher Keim liege, und freute sich der Ausbildung, die ihr durch die trefflichsten Männer, welche späterhin in der Kirche und im Reich der Gelehrsamkeit glänzten, gegeben wurde. *1739 Oct. 24.*

Von dort wurde sie früh hinweg gerufen zur Verbindung mit einem jungen Fürsten, der mit ihr zugleich in ein heiteres Leben einzutreten, seiner selbst und der Vortheile des Glücks zu genießen begann. Ein Sohn entsprang aus dieser Vereinigung, auf den sich alle Freuden und Hoffnungen versammelten; aber der Vater sollte sich wenig an ihm und an dem zweyten gar nicht erfreuen, der erst nach seinem Tode das Licht der Welt erblickte. *1756. 1757.*

Vormünderin von Unmündigen, selbst noch minderjährig, fühlte sie sich, bey dem einbrechenden siebenjährigen Kriege, in einer *1758.*

lung vorzüglicher Männer den Anlass gab, und alles dasjenige begründete, was später für dieses besondere Land, ja für das ganze deutsche Vaterland, so lebhaft und bedeutend wirkte.

Alles Gefällige, was das Leben zieren kann, suchte sie sogleich nach dem gegebenen Maß um sich zu versammeln, und sie war im Begriff, mit Freude und Zutrauen das gewissenhaft Verwaltete ihrem Durchlauchtigsten Sohn zu übergeben, als das unerwartete Unglück des weimarischen Schlossbrandes die gehoffte Freude in Trauer und Sorgen verwandelte. Aber auch hier zeigte sie den eingeborenen Geist: denn unter großen Vorbereitungen zu Milderung sowie zu Benutzung der Folgen dieses Unglücks übergab sie ruhm- und ehrenvoll ihrem zur Volljährigkeit erwachsenen Erstgeborenen die Regierung seiner väterlichen Staaten, und trat eine sorgenfreie Abteilung ihres Lebens an.

Ihre Regentschaft brachte dem Lande mannigfaltiges Glück, ja das Unglück selbst gab Anlass zu Verbesserungen. Wer dazu fähig war, nahm sie an. Gerechtigkeit, Staatswirtschaft, Polizei, befestigten, entwickelten, bestätigten sich. Ein ganz anderer Geist war über Hof und Stadt gekommen. Bedeutende Fremde von Stande, Gelehrte, Künstler wirkten besuchend oder bleibend. Der Gebrauch einer großen Bibliothek wurde frei gegeben, ein gutes Theater unterhalten und die neue Generation zur Ausbildung des Geistes veranlasst. Man untersuchte den Zustand der Akademie Jena. Der Fürstin Freigebigkeit machte die vorgeschlagenen Einrichtungen möglich, und so wurde diese Anstalt befestigt und weiterer Verbesserung fähig gemacht.

Mit welcher freudigen Empfindung musste sie nun unter den Händen ihres unermüdeten Sohnes, selbst über Hoffnung und Erwartung, alle ihre früheren Wünsche erfüllt sehen, um so mehr, als nach und nach aus der glücklichsten Eheverbindung eine würdige frohe Nachkommenschaft sich entwickelte.

Das ruhige Bewusstsein, ihre Pflicht getan, das was ihr oblag, geleistet zu haben, begleitete sie zu einem stillen, mit Neigung gewählten Privatleben, wo sie sich von Kunst und Wissenschaft sowie von der schönen Natur ihres ländlichen Aufenthalts umgeben, glücklich fühlte. Sie gefiel sich im Umgang geistreicher Personen und freute sich, Verhältnisse dieser Art anzuknüpfen, zu erhalten und nützlich zu machen; ja es ist kein bedeutender Name von Weimar ausgegangen, der nicht in ihrem Kreise früher oder später gewirkt hätte. So bereitete sie sich vor zu einer Reise jenseits der Alpen, um für ihre Gesundheit Bewegung und ein milderes Klima zu nutzen; denn kurz vorher erfuhr sie einen Anfall, der das Ende ihrer Tage herbeizurufen schien. Aber einen höheren Genuss hoffte sie von dem Anschauen dessen, was sie in den Künsten so lange geahndet hatte, besonders von der Musik, von der sie sich früher gründlich zu unterrichten wusste; eine neue Erweiterung der Lebensansichten durch die Bekanntschaft edler und gebildeter Menschen, die jene glücklichen Gegenden als Einheimische und Fremde verherrlichten und jede Stunde des Umgangs zu einem merkwürdigen Zeitmoment erhöhten.

Manche Freude erwartete sie nach ihrer Zurückkunft, als sie mit mancherlei Schätzen der Kunst und der Erfahrung geschmückt ihre häusliche Schwelle betrat. Die Vermählung ihres blühenden Enkels mit einer unvergleichlichen Prinzessin, die erwünschten ehelichen Folgen gaben zu Festen Anlass, wobei sie sich des mit rastlosem Eifer, tiefem Kunstsinn und wählendem Geschmack wieder aufgerichteten und ausgeschmückten Schlosses erfreuen konnte und uns hoffen ließ, dass zum Ersatz für so manches frühe Leiden und Entbehren ihr Leben sich in ein langes und ruhiges Alter verlieren würde.

Aber es war von dem Alleslenkenden anders vorgesehen. Hatte sie während dieses gezeichneten Lebensganges manches Ungemach tief empfunden, vor Jahren den Verlust zweier tapferen Brüder, die auf Heereszügen ihren Tod fanden, eines dritten, der sich für andere aufopfernd von den Fluten verschlungen ward, eines geliebten entfernten Sohnes, später eines verehrten, als Gast bei ihr einkehrenden Bruders, und eines hoffnungsvollen lieblichen Urenkels; so hatte sie sich mit inwohnender Kraft immer wieder zu fassen und den Lebensfaden wieder zu ergreifen gewusst. Aber in diesen letzten Zeiten, da der unbarmherzige Krieg, nachdem er uns so lange geschont, uns endlich und sie ergriff, da sie, um eine herzlich geliebte Jugend aus dem wilden Drange zu retten, ihre Wohnung verließ, eingedenk jener Stunden, als die Flamme sie aus ihren Zimmern und Sälen verdrängte; nun bei diesen Gefahren und Beschwerden der Reise, bei dem Unglück, das sich über ein hohes verwandtes, über ihr eigenes Haus verbreitete, bei dem Todes des letzten geliebten und verehrten Bruders, in dem Augenblick, da sie alle ihre auf den festesten Besitz, auf wohl erworbenem Familienruhm gebauten jugendlichen Hoffnungen, Erwartungen von jener Seite verschwinden sah: da scheint ihr Herz nicht länger gehalten und ihr mutiger Geist gegen den Andrang irdischer Kräfte das Übergewicht verloren zu haben. Doch blieb sie noch immer sich selbst gleich, im Äußeren ruhig, gefällig, anmutig, teilnehmend und mitteilend, und niemand aus ihrer Umgebung konnte fürchten, sie so geschwind aufgelöst zu sehen. Sie zauderte, sich für krank zu erklären, ihre Krankheit war kein Leiden, sie schied aus der Gesellschaft der Ihrigen, wie sie gelebt hatte. Ihr Tod, ihr Verlust sollten nur schmerzen, als notwendig, unvermeidlich, nicht durch zufällige, bängliche, angstvolle Nebenumstände.

Und wem von uns ist in gegenwärtigen Augenblicken, wo die Erinnerung vergangener Übel, zu der Furcht vor zukünftigen gesellt, gar manches Gemüt beängstigte, nicht ein solches Bild standhaft ruhiger Ergebung tröstlich und aufrichtend! Wer von uns darf sagen: meine Leiden waren so groß als die ihrigen; und wenn jemand eine solche traurige Vergleichung anstellen könnte, so würde er sich an einem so erhabenen Beispiel gestärkt und erquickt fühlen.

Ja! – wir kehren zu unserer ersten Betrachtung zurück – das ist der Vorzug edler Naturen, dass ihr Hinscheiden in höheren Regionen segnend wirkt, wie ihr Verweilen auf der Erde; dass sie uns von dorther, gleich Sternen entgegenleuchten, als Richtpunkte, wohin wir unseren Lauf bei einer nur zu oft durch Stürme unterbrochenen Fahrt zu richten haben; dass diejenigen, zu denen wir uns als zu Wohlwollenden und Hilfreichen im Leben hinwendeten, nun die sehnsuchtsvollen Blicke nach sich ziehen als Vollendete, Selige.

Anna Amalia als Witwe, Stich nach Ferdinand Carl Christian Jagemann 1805/06

Erwin und Elmire

ein Schauspiel mit Gesang

von

GOETHE

Komponiert

von

Anna Amalia

Herzogin

zu

Sachsen-Weimar-Eisenach

1776

W T.

ERWIN UND ELMIRE

Schauspiel von Goethe, Musik von Herzogin Anna
Amalia

Die erste Fassung von Goethes Singspiel „*Erwin und
Elmire*" wurde am 13. September 1775 in Frankfurt
am Main mit der aus Mainz / Mannheim stammen-
den *Marchandschen Truppe*, die zweite am 10. Juni
1796 von Luise von Göchhausen in Weimar aufgeführt. Sie schrieb Anfang Juni 1796 an Goethe: „*Wir
gedenken Morgen Abend vor einer kleinen Gesellschaft
bey verschloßnen Thüren Ihre Operette, Erwin und
Elmir, zu spielen. Die Herzogin weiß nichjts davon, und
wir hoffen, ihr eine kleine Freude damit zu machen.
Nun kommt die Bitte! Sie mögten uns das Theater, nebst
denen dazu gehörigen 2 Decorationen und der Beleuchtung gütigst erlauben. Sollte die Beleuchtung Schwürig-
keiten machen, so wollen wir uns auch gern zu herbey
schaffung der Lichter verstehen.*"

Das Singspiel wurde mehrfach vertont, u. a. auch
von der Herzogin Anna Amalia. Das Gedicht „Ein
Veilchen auf der Wiese stand" hat Wolfgang Amadeus
Mozart am 8. Juni 1785 (KV 476) in Töne gesetzt.

Goethe schrieb 1786 an seinen Freund, den Komponisten Philipp Christoph Kayser: „*Mit Erwin und
Elmire habe ich vor Statt Mutter und Bernardo noch
ein Paar iunge Leute einzuführen die aus eine andre
Weise in Liebes Uneinigkeit leben, also zwey Intriguen
die sich zusammenschlingen und am Ende beyde sich
in der Einsiedeley auflösen. Vom Gegenwärtigen bliebe
nichts als die singbarsten Stücke die Sie auswählen
könnten.*"

Erster Aufzug

EIN ZIMMER.

OLYMPIA tritt herein und findet Elviren traurig an einem Tische sitzen, auf den sie sich stemmt. Die Mutter bezeigt ein zärtliches Mißvergnügen und sucht sie zu ermuntern:

Lie = bes Kind, was hast du wie = der? Welch ein Kum = mer drückt dich nie = der? Sieh, wie ist der Tag_____ so schön, komm, laß uns_____ in Gar = ten gehn.

Lento (*espress.*)

War   das ein

Seh = nen,   war   das ein Er = war = ten: blüh = ten doch die

Blu = men,   grün = te doch mein Gar = ten!   Sieh, die

ANNA AMALIA - ZEITTAFEL

1739   Anna Amalia wird am 24. Oktober im Schloss in Wolfenbüttel als viertes Kind des Herzogs Carls I. (1713-1780) von Braunschweig-Lüneburg und der Schwester Friedrich II., Philippine Charlotte (1715-1801), geboren.

1739 – 1756   Erziehung und Unterricht Anna Amalias (und ihrer Geschwister) durch den Theologen Johann Friedrich Wilhelm Jerusalem.

1756   Am 16. März heiratet Anna Amalia den ebenfalls evangelisch-lutherischen Herzog Ernst August II. Constantin von Sachsen-Weimar-Eisenach.

1757   Am 3. September wird Anna Amalias erster Sohn Carl August geboren.

1758   Am 28. Mai stirbt ihr Mann Herzog Ernst August II. Constantin. Am 8. September wird ihr zweiter Sohn Friedrich Ferdinand Constantin geboren.

1759   Am 9. Juli wird Anna Amalia zur Vormundschaftsregentin über Sachsen-Weimar-Eisenach.

1760 – 1775   Regierungszeit über das Herzogtum Sachsen-Weimar-Eisenach.

1761 – 1766   Das Grüne Schloss in Weimar wird zur Herzoglichen Bibliothek umgebaut.

1763   Johann Carl August Musäus kommt nach Weimar.

1764   Gründung der Freimaurerloge „Anna Amalia zu den drei Rosen"

1766	Die Schloßbibliothek wird in das zur Bibliothek umgebaute Grüne Schloss verlagert.
1772	Anna Amalia holt Christoph Martin Wieland als Prinzenerzieher nach Weimar
1773	Gründung des „Teutschen Merkur" durch Wieland. Uraufführung von Wielands Alceste
1774	Am 5. Und 6. Mai: Brand des Residenzschlosses. Hierauf zieht Anna Amalia in das Wittumspalais.
1775	Am 3. September übergibt Anna Amalia die Regierungsgeschäfte an ihren volljährigen Sohn Carl August. Am 7. November trifft Goethe in Weimar ein, der von Carl August angeworben wurde.
1775	Gründung des „Liebhabertheaters"
1775 - 1807	Anna Amalia widmet sich ganz der Literatur, Kunst und Wissenschaft. In dieser Zeit lebt sie vom politischen Tagesgeschehen zurückgezogen im Wittumspalais und den Schlössern Ettersburg und Tiefurt.
1775 – 1778	Zusammen mit Goethe widmet sich Anna Amalia den Aufführungen des „Liebhabertheaters".
1776	Johann Gottfried Herder kommt nach Weimar als Superintendent.
1781 – 1784	Anna Amalia gibt das „Tiefurter Journal" heraus.
1782	Goethe zieht in das Haus am Frauenplan.
1785	Beginn der „Tafelrunde" der Herzogin Anna Amalia.

1786 – 1788	Goethe reist durch Italien.
1788 - 1790	Anna Amalia unternimmt – auf den Spuren Goethes – eine zweijährige Italienreise.
1789 – 1803	Wiederaufbau des Residenzschlosses.
1789	Schiller wird außerordentlicher Professor in Jena.
1792	Als Generalmajor der preußischen Armee beteiligt sich Carl August, begleitet von Goethe, am Feldzug gegen Frankreich.
1793	Am 6. Juni stirbt Prinz Constantin, während des Feldzugs der Koalitionsarmee gegen Frankreich, an einem typhösen Fieber in Wiebelskirchen an der Saar.
1794	Die Freundschaft zwischen Goethe und Schiller findet ihren Anfang.
1795 – 1797	Schillers „Horen" erscheinen.
1797 – 1800	Schillers Musenalmanache erscheinen, in denen u.a. die „Xenien" Schillers und Goethes veröffentlicht werden.
1799	Schiller zieht nach Weimar. Er wohnt zunächst in der Windischengasse.
1802	Schiller zieht in das Haus an der Esplanade.
1803	Am 18. Dezember stirbt Herder in Weimar.

1804   Erbprinz Carl Friedrich von Sachsen-Weimar heiratet die Großfürstin Maria Pawlowna und bringt sie nach Weimar.

1805   Am 9. Mai stirbt Friedrich Schiller in Weimar.

1807   Am 10. April stirbt Anna Amalia.

1813   Am 20. Januar stirbt Christoph Martin Wieland in Weimar

1815   Carl August wird Großherzog des Großherzogtums Sachsen-Weimar-Eisenach.

1832   Am 22. März stirbt Johann Wolfgang von Goethe in Weimar

Personenverzeichnis

Herzogin Anna Amalia ist in diesem Personenverzeichnis
nicht gesondert aufgeführt.

Literaturverzeichnis

Anna Amalia, Meine Gedanken, abgedruckt in: Volker Wahl (Hrsg.) in Wolfenbütteler Beiträge, Band IX, Wiesbaden 1994

Berger, Joachim: Anna Amalia von Sachsen-Weimar-Eisenach (1739–1807). Denk- und Handlungsspielräume einer aufgeklärten Herzogin. Universitätsverlag Winter, Heidelberg 2003

Berger, Joachim (Hg.): Der Musenhof Anna Amalias – Geselligkeit, Mäzenatentum und Kunstliebhaberei im klassischen Weimar, Böhlau, Köln-Weimar-Wien, 2001

Beyer, Jürgen, und Seifert, Siegfried (Bearb.): Weimarer Klassikerstätten – Geschichte und Denkmalpflege, hrsg. vom Thüringischen Landesamt für Denkmalpflege, Verlag Ausbildung + Wissen, 2. Aufl. 1997

Bode, Wilhelm: Amalie. Herzogin von Weimar, Bd II, Der Musenhof der Herzogin Amalia; Band III. Ein Lebensabend im Künstlerkreise. Mittler & Sohn, Berlin 1908

Damm, Sigrid: Christiane und Gotehe – Eine Recherche, Insel-Verlag, Frankfurt/M., 1998

Eckermann, Johann Peter: Gespräche mit Goethe in den letzten Jahren seines Lebens (3. Aufl.), Verlag C. H. Beck, München 1988

Freitag, Egon: Geschichten und Anekdoten über Christoph Martin Wieland, Reihe des Freundeskreises Goethe-Nationalmuseum, Glaux Verlag, Jena, 2001

Ghibellino, Ettore: J. W. Goethe und Anna Amalia. Eine verbotene Liebe, 2. Aufl., A.J. Denkena Verlag Weimar, 2004

Göchhausen, Luise von: Die Göchhausen – Briefe einer Hofdame aus dem klassischen Weimar, hgg. von Werner Deetjen, Berlin, 1923

Goethe, Johann Wolfgang von: Sämtliche Werke, Frankfurter Ausgabe, Frankfurt 1993

Jena, Detlef: Maria Pawlowna. Großherzogin an Weimars Musenhof, Verlag Styria Graz-Wien-Köln, 1999

Klauß, Jochen: Charlotte von Stein. Die Frau in Goethes Nähe, Artemis & Winkler, Düsseldorf / Zürich, 2. Aufl. 1997

Klauß, Jochen: „Der du reisest, sei auf deiner Hut" – Vom Fortkommen zu „klassischer" Zeit, hain verlag, Rudolstadt, 1996

Knoche, Michael (Hrsg.): Herzogin Anna Amalia Bibliothek – Kulturgeschichte einer Sammlung, Stiftung Weimarer Klassik bei Hanser, München und Wien, 1999

Lyncker, Karl v.: Am Weimarischen Hofe unter Amalien und Karl August, Berlin 1912

Merck, Johann Heinrich: Johann Heinrich Mercks Briefe an Herzogin-Mutter Anna Amalia und an den Herzog Carl August von Sachsen-Weimar, hrsg. von Gräf, Hans Gerhard, Leipzig 1911

Salentin, Ursula: Anna Amalia. Wegbereiterin der Weimarer Klassik (3. Aufl.), Böhlau Verlag, Köln-Weimar-Wien, 1996

Schuster, Gerhard, und Gille, Caroline (Hg.): Weimarer Klassik 1759–1832, Wiederholte Spiegelungen Bd. 1 und 2, Ständige Ausstellung des Goethe-Nationalmuseum, Stiftung Weimarer Klassik bei Hanser

Steiner, Walterr; Kühn-Stillmarck, Uta: Friedrich Justin Bertuch. Ein Leben im klassischen Weimar zwischen Kultur und Kommerz, Böhlau Verlag, Köln-Weimar-Wien, 2001

Werner, Charlotte Mahlo: Goethes Herzogin Anna Amalia – Fürstin zwischen Rokoko und Revolution, Droste, Düsseldorf 1996

Katalog: „Ereignis Weimar – Anna Amalia, Carl August und das Entstehen der Klassik (1757–1807). Eine Ausstellung der Klassik Stiftung Weimar in Zusammenarbeit mit Sonderforschungsbereich 482 „Ereignis Weimar-Jena. Kultur um 1800" der Friedrich-Schiller-Universität Jena, Vom Entstehen der Weimarer Klassik, Klassik Stiftung Weimar und Koehler & Amelang Verlag GmbH, 2007

Annette Seemann: Anna Amalia.
Herzogin von Weimar. Frankfurt am Main / Leipzig: Insel
Verlag, 2007.

Annette Seemann: Die Geschichte
der Herzogin Anna Amalia
Bibliothek. Leipzig: Insel Verlag,
2010.

Ettore Ghibellino: Goethe und
Anna Amalia. Eine verbotene
Liebe?. Weimar: Dr. A. J. Denkena Verlag, 2007.

Ulrike Müller: Die klugen Frauen
von Weimar. Regentinnen,
Salondamen, Schriftstellerinnen
und Künstlerinnen. München:
Elisabeth Sandmann Verlag
GmbH, 2007.

Ursula Salentin: Anna Amalia:
Wegbereiterin der Weimarer
Klassik. 3. Aufl. Köln / Weimar /
Wien: Böhlau, 2001.

STADTRUNDGANG
Auf den Spuren von Anna Amalia

Weimar hat in seinem Kernbereich auch heute noch die Struktur wie zur Zeit der Herzogin Anna Amalia. Ein Stadtrundgang vorbei an den Gebäuden und Plätzen, die an sie und ihre Zeit erinnern, ist daher eine gute Gelegenheit, sich die Stadt Weimar in besonderer Weise zu erschließen.

(1) Unser Rundgang beginnt am Stadtschloss, dem Wohnsitz der Regentin, heute Museum und Sitz der Klassik Stiftung Weimar. Über den *Platz der Demokratie* geht **(2)** es weiter zum Fürstenhaus, ihrem damaligen Regierungssitz, seit 1951 Hauptgebäude der Musikhochschule Franz Liszt. An der Ostseite des *Platzes der Demokratie* erstrahlt das so genannte *Grüne Schloss*, die **(3)** berühmte Herzogin-Anna-Amalia-Bibliothek in frischem Glanz. Unser Rundgang führt zwischen den beiden Gebäuden vorbei an einem großen Ginkgobaum **(4)** und weiter in die kleine Seifengasse hinein, in der die Zeit stehen geblieben scheint und an der bedeutende Bauwerke wie an einer Perlenschnur aufgereiht stehen.

(5) Wo die Gasse in den Frauenplan mündet, befindet sich linker Hand das Goethehaus, in dem der Staatsmann und Dichter über 40 Jahre lang bis zu seinem Tod gewohnt hat. Wir folgen dem *Frauenplan* und **(6)** gelangen auf den Wielandplatz, benannt nach dem von Anna Amalia berufenen Prinzenerzieher Christoph Martin Wieland, dem hier ein unübersehbares Denkmal gesetzt worden ist. Rechterhand neben der Statue und dem *Wieland-Café* liegt in der *Amalienstraße* der **(7)** Amalienhof. Das heutige Hotel diente in klassischer Zeit als Bürgerresidenz, speziell für betagtere Damen der oberen Schicht. Nach diesem kurzen Abstecher wenden wir uns wieder zurück Richtung *Wielandplatz* **(8)** und gelangen über den *Frauenplan* in die Frauentorstraße und über diese wiederum in die mit Platanen gesäumte Schillerstraße. Diese wurde seinerzeit auf **9** den Resten der alten Stadtbefestigung angelegt und hieß damals *Esplanade*. In der Mitte steht zur Rechten das ehemalige Wohnhaus Friedrich Schillers mit Schiller-Museum.

Wo der Boulevard in den *Theaterplatz* mündet, sehen wir rechts das Wittumspalais, das Wohnhaus Anna **10** Amalias ab 1775 nach der Regierungsübernahme ihres Sohnes. Schräg gegenüber, wo heute das Deutsche **11** Nationaltheater steht, befand sich zu Anna Amalias Zeit das *Hoftheater*. Auf dem Platz, an dem gewärtig das Bauhausmuseum steht befand sich damals der Garten Anna Amalias.

Wir überqueren den *Theaterplatz* und setzen unseren Rundgang durch die *Wielandstraße* zur Geleitstraße **12** fort, wo wir gleich zu Beginn auf das Hotel Anna Amalia treffen. Zur Zeit der Herzogin war die *Geleitstraße* mit den Verlängerungen *Eisfeld* und *Mostgasse* (ursprünglich *Mistgasse*) die wichtigste Ost-West-Verbindung vom *Erfurter Tor* über die Residenz zum *Kegeltor*, dem östlichen Stadteingang. Auf halbem Wege öffnet sich die Straße zum *Herderplatz*, dem damaligen *Töpfermarkt*, an dem sich auch die heutige Herderkirche, die **13** Stadtkirche St. Peter und Paul, mit der *Grablege Anna Amalias* befindet.

An der Westseite steht zwischen *Eisfeld* und *Rittergasse* ein weiteres altes Weimarer Gebäude mit großer Tradition, der Sächsische Hof, in dem der Mundkoch **14** Anna Amalias, François René le Goullon, 1810 sein Restaurant *Hôtel de Saxe* eröffnete.

Zum Abschluss gehen wir durch die *Vorwerksgasse* bis zur Ecke *Marstallstraße* und dann über den *Burgplatz*, am der Stadt zugewandten Westflügel des Stadtschlosses entlang, bis zur *Bastille*, den Resten der alten Wasserburg. Rechter Hand, am ehemaligen *Grünen Markt*, befindet sich das Residenz-Café, in dessen **(15)** Räumlichkeiten – oder bei schönem Wetter auf dessen Terrasse – wir unseren Rundgang auf den Spuren der Herzogin Anna Amalia bei Kaffee und Kuchen gemütlich ausklingen lassen.

Mit frischen Kräften werden wir später noch drei weitere sehenswerte Stationen außerhalb der Stadt aufsuchen, an denen wir der Herzogin nachspüren können.

(16) (17) (18) Zunächst geht es zum südlich der Stadt gelegenen Schloss Belvedere, wo Anna Amalia wohnte, nachdem das Stadtschloss 1774 ausgebrannt war und wo die herzogliche Familie viele Sommer verbrachte.

Nachdem ihr Sohn Carl August die Amtsgeschäfte übernommen hatte, ließ sich Anna Amalia das Kammergut Tiefurt zur neuen Sommerresidenz ausbauen. **(19)** Dieses finden wir nordöstlich der Altstadt in einem ausgedehnten, von der Ilm durchflossenen Park.

Ein weiterer Sommersitz der herzoglichen Familie ist die nördlich von Weimar auf dem Ettersberg **(20)** gelegene Ettersburg, ursprünglich als Jagdschlösschen erbaut und im Laufe der Jahrzehnte zu einem stattlichen Anwesen erweitert. Hier wurde zur Zeit Anna Amalias im sommerlichen Liebhabertheater „dilettiert" und im April 1779 Goethes „Iphigenie" uraufgeführt.

Michael Maaß

Die heutige Gestalt des Weimarer Stadtschlosses hat sich in über fünfhundertjähriger Bauzeit entwickelt. Die am Ufer der Ilm liegende Anlage ging aus einer mittelalterlichen Wasserburg hervor. Der Dreiflügelbau war bis zum Brand 1774 Anna Amalias Wohnsitz. Heute hat im wieder aufgebauten und Anfang des 20. Jahrhunderts erweiterten Stadtschloss die Klassik Stiftung ihren Sitz, deren Aufgabe die Bewahrung und Pflege der vielfältigen Weimarer Kulturlandschaft ist. Ein Teil des Schlosses wird als Museum für ständige sowie wechselnde Ausstellungen genutzt. Besonders sehenswert sind der *Festsaal*, die *Falkengalerie* und die *Dichterzimmer*.

99423 Weimar

Burgplatz 4

Tel.: 03643-545-400

Fax: 03643-41 98 16

info@klassik-stiftung.de

www.klassik-stiftung.de

Öffnungszeiten

2.1. - 27.3. | Di Mi Do Fr Sa So

10:00 - 16:00 Uhr

28.3. - 15.10. | Di Mi Do Fr Sa So

10:00 - 18:00 Uhr

16.10. - 31.12. | Di Mi Do Fr Sa So

10:00 - 16:00 Uhr

Mo geschlossen

2 FÜRSTENHAUS

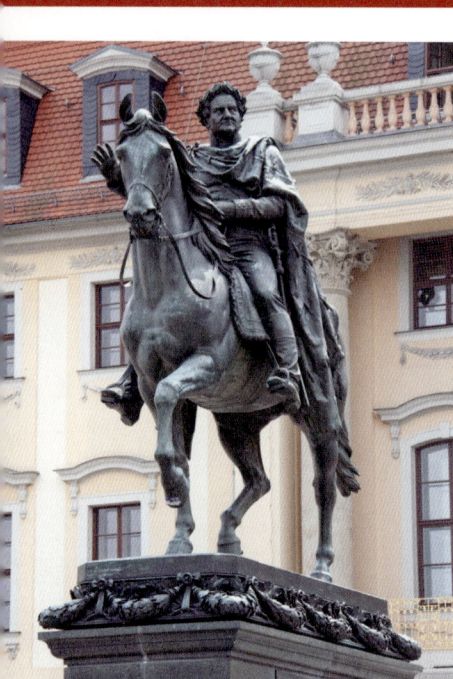

Nach dem Schlossbrand von 1774 wohnte die herzogliche Familie fast 28 Jahre lang im Fürstenhaus. Nach dem Umzug in das wieder errichtete Schloss wurde das Gebäude ab Anfang des 19. Jahrhunderts für verschiedene staatliche Zwecke genutzt. Seit 1951 ist im Fürstenhaus die Musikhochschule FRANZ LISZT untergebracht, die als Ausbildungsstätte für den begabten Musikernachwuchs hohes internationales Ansehen genießt.

Hochschule für Musik FRANZ LISZT
99423 Weimar
Platz der Demokratie 2/3
Tel.: 03643-555-0
info@hfm-weimar.de
www.hfm-weimar.de

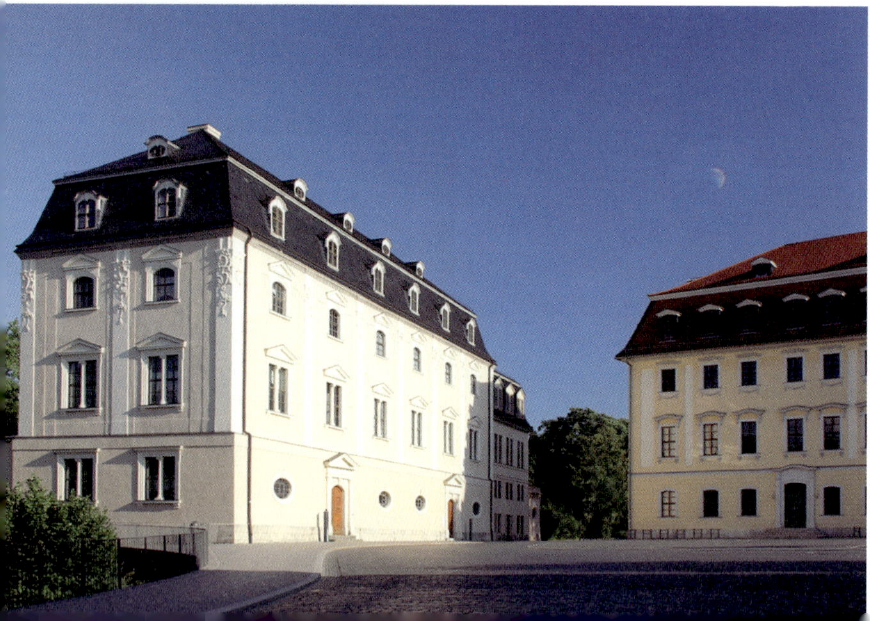

Schon als Prinzessin in Wolfenbüttel wuchs die musisch begabte Anna Amalia mit Büchern und einer großartigen Bibliothek auf. Im Jahre 1766 wurden die Weimarer Buchbestände auf ihren Wunsch hin aus dem Stadtschloss in das *Grüne Schloss* am Rand des Parks an der Ilm umgelagert und die neue Bibliothek mit ihrem imposanten *Rokokosaal* eingerichtet. Unter der Regentschaft ihres Sohnes Carl August, dessen Reiterstandbild auf dem Platz davor zu sehen ist, und unter der Aufsicht von Goethe erfuhr die Bibliothek einen systematischen und raschen Ausbau. Mit ihren umfangreichen Beständen, die durch die Brandkatastrophe von 2004 allerdings schwer beschädigt wurden, besitzt die HAAB eine der bedeutendsten geistigen und literarischen Schatzkammern der Menschheit, dies auch dank zahlreicher Spenden.

99423 Weimar
Platz der Demokratie 1
Tel.: 03643-545-400
Fax: 03643-41 98 16
info@klassik-stiftung.de
www.klassik-stiftung.de
Eintrittskarten können bei der
Besucherinformation bestellt werden.

In der schmalen Seifengasse stehen eine Reihe bedeutender Weimarer Häuser dicht nebeneinander. Von der HAAB kommend passieren wir zunächst das *Wohnhaus der Frau von Stein*. Ab 1776 bewohnte sie mit ihrem Mann, dem herzoglichen Oberstallmeister, das *Stiedenvorwerk* an der Ackerwand 25. Gleich daneben ist die Mal- und Zeichenschule untergebracht, deren Gründung als „Fürstliche freie Zeichenschule" ebenfalls auf Anna Amalia und ihren Sohn Herzog Carl August zurückgeht. Die damaligen Ziele, Anleitung der ortsansässigen Handwerker im Zeichnen, um ihren Geschmack zu schulen, kostenloser Zeichenunterricht für junge Menschen beiderlei Geschlechts und aller Klassen und Stände sowie die Entdeckung und Förderung von zukünftigen Künstlern, erscheinen auch heute noch mutig und zukunftsweisend. Reste des zum *Stiedenvorwerk* gehörenden *Welschen Gartens* mit einem restaurierten *Teepavillon* säumen die *Seifengasse* zunächst ein Stück zur Rechten. Bevor die Gasse auf den *Frauenplan* mündet, beginnt auf der linken Seite. Das meistbesuchte Museum Weimars wurde als Bürgerhaus 1709 im barocken Stil erbaut.

Goethe wohnte hier von 1782 bis 1789 als Mieter und (nach einer kurzen Zeit im *Jägerhaus* in der *Marienstraße*) von 1792 bis 1832 als Eigentümer. Die Raumgestaltung sowie die Ausstattung des Hauses bestimmte er selbst. Der hinter dem Wohnhaus gelegene Garten sieht auch heute noch so aus, wie er zu Beginn des 19. Jahrhunderts angelegt wurde. Der Hausgarten, von Goethes Frau Christiane betreut, diente der Versorgung mit Obst und Gemüse. Goethe führte hier zeitweise einige seiner bekannten botanischen Versuche durch.

Goethes Wohnhaus und
Goethe-Nationalmuseum
99423 Weimar
Frauenplan 1
Tel.: 03643-545-400
Fax: 03643-41 98 16
info@klassik-stiftung.de
www.klassik-stiftung.de

Öffnungszeiten
2.1. - 27.3. | Di Mi Do Fr Sa So
09:00 - 16:00 Uhr
28.3. - 15.10. | Di Mi Do Fr So
09:00 - 18:00 Uhr
Sa | 09:00 - 19:00 Uhr
16.10. - 31.12. | Di Mi Do Fr Sa So
09:00 - 16:00 Uhr | Mo geschlossen

Der Wielandplatz trägt den Namen des Dichters und Aufklärers Christoph Martin Wieland, der 1772 von der verwitweten Anna Amalia nach Weimar berufen wurde, um ihre beiden Söhne zu erziehen. Er sollte somit wesentlichen Einfluss auf den Erbfolger Carl August nehmen, verkehrte jedoch auch stets mit den großen Geistern seiner Zeit. Nicht umsonst zählt er neben Goethe, Schiller und Herder zum klassischen Viergestirn Weimars. Ihm zu Ehren wurde 1857, dem 100. Geburtstag seines einstigen Schützlings Carl August, eine überlebensgroße Bronzestatue enthüllt, die den Dichter etwa 50-jährig mit seinem Werk „Oberon" in der Hand zeigt. Er selbst wohnte jahrelang in der Marienstraße, die links neben dem Standbild ihren Anfang nimmt. Direkt hinter der Statue befindet sich außerdem das Wieland-Café, das etwas abseits der Touristenströme zum Verweilen und zur Stärkung einlädt, nur wenige Schritte vom Amalienhof entfernt.

Wieland-Cafe
99423 Weimar
Wielandplatz 1
Tel.: 03643-252904
postkasten@wieland-cafe.de
Öffnungszeiten:
Mo - So
9:00 -18:00 Uhr

Das Gebäude des heutigen Hotels wurde zwischen 1826 und 1827 von Clemens Wenzeslaus Coudray errichtet und diente lange Zeit als Bürgerwohnhaus, da der Platz in der Stadt kaum noch ausreichte. Gerade für die betagteren Damen der Gesellschaft bot das Haus eine Wohnstätte. Über die Jahre diente es auch als Sitz des „Internationalen Vereins der Freundinnen junger Mädchen" und als Verbandshaus einer christlichen Herberge. 1904 wurde hier zudem bereits ein Pensionsbetrieb eingerichtet, der bis zur Renovierung des Gebäudes im Jahr 1989 geführt wurde. Seit Juli 1992 befindet sich in dem klassischen Gebäude das Hotel Amalienhof, benannt nach der angrenzenden Amalienstraße, welches den Charme vergangener Tage versprüht und den Gästen durch zahlreiche Angebote die Möglichkeit gibt Weimar und Umgebung aktiv zu erleben.

Amalienhof Betriebsgesellschaft mbH
99423 Weimar
Amalienstraße 2
Tel.: 03643- 5490
Fax: 03643- 549110
info@amalienhof-weimar.de
www.amalienhof-weimar.de

Die *Frauentorstraße* war zur Zeit Anna Amalias ein wichtiger Teil der Nord-Süd-Querung der Stadt vom *Frauentor* im Süden über die *Kaufstraße*, an der Stadtkirche vorbei zum *Jakobstor*. Im Haus 4 befindet sich die Besucherinformation der Klassik Stiftung mit einem Shop, in dem man wichtige Informationen zu den zahlreichen Gebäuden, Museen und Gärten erhalten kann, die von der Stiftung betreut werden.

Besucherinformation
99423 Weimar
Frauentorstraße 4
Tel.: 03643-545-400
Fax: 03643-41 98 16
info@klassik-stiftung.de
www.klassik-stiftung.de

Die heutige *Schillerstraße* war zu Anna Amalias Zeiten noch wenig bebaut und diente als Promenade. Heute ist sie das Zentrum der Stadt, Geschäftsstraße, Flaniermeile und Treffpunkt für Jung und Alt. In der Mitte, wo sie in einem leichten Bogen nach links ihre Richtung ändert, steht das ehemalige Wohnhaus von Friedrich Schiller, das wie Goethes Haus am Frauenplan als Museum zu besichtigen ist. Im Mansardengeschoss sind das Arbeits-, das Gesellschafts- und das Empfangszimmer Schillers, der 1805 zwei Jahre früher als Anna Amalia starb, mit teilweise originalem Inventar zu sehen, im ersten Obergeschoss können die Wohnräume Charlottes und der Kinder besichtigt werden, im Erd-geschoss Küche, Dienerzimmer und eine Ausstellung zur Geschichte des Hauses sowie zur sozialen Situation Schillers. Am Ende der Promenade, wo die *Schillerstraße* in den *Theaterplatz* übergeht, treffen wir auf das Wittumspalais, den Witwensitz der Herzoginmutter Anna Amalia.

99423 Weimar
Schillerstraße 12
Öffnungszeiten

2.1. - 27.3. | Di Mi Do Fr Sa So
09:00 - 16:00 Uhr
28.3. - 15.10. | Di Mi Do Fr So
09:00 - 18:00 Uhr
Sa | 09:00 - 19:00 Uhr
16.10. - 31.12. | Di Mi Do Fr Sa So
09:00 - 16:00 Uhr

Zu besichtigen sind die Wohn- und Repräsentationsräume des ausgehenden 18. Jahrhunderts mit einem klassizistischen Festsaal, spätbarocken Deckenmalereien und dem Tafelrundenzimmer Anna Amalias.

Ins *Wittumspalais* zog sich die Herzogin zurück, nachdem sie ihrem Sohn Carl August 1775 die Regierungsgeschäfte übergeben hatte. Hier fanden auch die legendären Tafelrunden statt, zu denen Anna Amalia regelmäßig Literaten, Künstler und Wissenschaftler verschiedener Stände und beiderlei Geschlechts zu Lesungen und anregenden Gesprächen einlud.

99423 Weimar
Am Palais 3
Tel.: 03643-545-400
Fax: 03643-41 98 16
info@klassik-stiftung.de
www.klassik-stiftung.de

Öffnungszeiten
2.1. - 27.3. | Mo Mi Do Fr Sa So
10:00 - 16:00 Uhr
28.3. - 15.10. | Mo Mi Do Fr Sa So
10:00 - 18:00 Uhr
16.10. - 31.12. | Mo Mi Do Fr Sa So
10:00 - 16:00 Uhr | Di geschlossen

1779 wurde der Vorläufer des heutigen Theaters, das Weimarer Hoftheater im Komödienhaus, am gleichen Standort errichtet. Das Gebäude in seiner heutigen Gestalt geht auf den Neubau des Hoftheaters von 1825 und dessen Umgestaltung zu Beginn des 20. Jahrhunderts zurück. 1919 tagte hier die Deutsche Nationalversammlung, um die Reichsverfassung zu verabschieden.

1919 erhielt das renommierte Haus den verpflichtenden Titel *Deutsches Nationaltheater.* Heute strahlen das *Deutsche Nationaltheater und die Staatskapelle Weimar* als Staatstheater Thüringens mit ihren Schauspielinszenierungen, Opern und Konzerten weit über die Landesgrenzen hinaus und pflegen wie schon zur Zeit Goethes und Anna Amalias den Anspruch, lebendiger Ort des Diskurses wesentlicher Gegenwartsfragen zu sein.

Deutsches Nationaltheater und Staatskapelle Weimar GmbH – Staatstheater Thüringen

99423 Weimar

Theaterplatz 2

Tel.: 03643-755-334

Fax: 03643-755-321

service@nationaltheater-weimar.de

www.nationaltheater-weimar.de

Die *Geleitstraße* war vom *Erfurter Tor* aus mit den Verlängerungen *Eisfeld* und *Mostgasse* die Ost-West-Achse der Stadt, die durch die Residenz hindurch zum *Kegeltor*, dem östlichen Stadteingang aus Richtung Jena, verlief. Direkt hinter dem damaligen *Erfurter Tor* stehen zur Linken drei Gebäude. Das erste mit dem Namen „Chemnitius" war eine Herberge, durch deren Toreinfahrt die Fuhrleute ihre Wagen in den Schutz eines Hofes manövrieren konnten. Heute gehören alle drei Gebäude zum Hotel Anna Amalia.

Das Hotel erfreut seine Gäste mit angenehmer Atmosphäre und einem aufmerksamen, familiären Service. Mitten im geschichtsträchtigen Zentrum der Stadt gelegen, ist das Hotel ein guter Ausgangspunkt, Weimar zu erkunden und das liebenswerte Treiben auf den Gassen und Plätzen zu erleben.

Seit seiner Eröffnung im Jahre 2002 präsentiert sich das Hotel in einem hellen, freundlichen, mediterranen Stil und erinnert so an die Italienleidenschaft der Herzogin. Gastlichkeit und Gastfreundschaft haben viele historische Spuren hinterlassen. Im mittleren Teil wohnte Peter Cornelius, Komponist, Freund und Übersetzer von Franz Liszt, dem

Begründer der Weimarer Musik-hochschule. Im Hauptgebäude näch-tigten 1912 Franz Kafka und Max Brod. Zum Hotel gehörte lange Zeit das Café Creme, das von dem ameri-kanischen Illusionsmaler Christoph Hodgson mit vielen Reminiszenzen an die klassische Weimarer Zeit, mit viel Witz und hintersinnigen Bild-zitaten zu einer begehbaren Bildga-lerie ausgemalt wurde. Die Szenerie beobachtet eine illustre Schar nam-hafter Persönlichkeiten, wie Goethe, Schiller, Einstein, Nietzsche, Wag-ner, Charlotte von Stein, Cornelius, Liszt und Christiane Vulpius, denen treffende Zitate zugeordnet sind. Heute befindet sich dort das Gold-stübchen, ein kleiner Souvenir- und Schmuckladen, dessen Wände noch

die besagten Malereien zieren. Der übrige Raum wurde zu einem zeit-gemäßen Tagungsraum umgestaltet, der mit mordernster Technik und optional verschiebbaren Wänden aufwartet. Auch hier blicken Hodg-sons Reminiszenzen noch farben-froh von den Wänden und erzeugen eine ganz eigene Stimmung zwi-schen Klassik und Moderne.

99423 Weimar
Geleitstrasse 8-12
Tel.: 03643-4956-0
Fax: 03643-4956-99
info@hotel-anna-amalia.de
www.hotel-anna-amalia.de

13 SÄCHSISCHER HOF

Im Jahre 1429 wurde der „Sächsische Hof" (damals „Schwarzburger Hof") zum ersten Mal urkundlich als Eigentum des Grafen von Schwarzburg erwähnt.

Vom 7. 11. 1775 bis 18. 3. 1776 war Goethe Gast der Familie von Kalb in diesem Haus. François René le Goullon, der Mundkoch Anna Amalias, eröffnete 1810 hier sein *Hôtel de Saxe*, (seit 1870 *Sächsischer Hof*). 1971 übernahm Helmut Trommler das Haus, das nunmehr von seinen drei Söhnen betrieben wird. Wem die Beine beim Rundgang auf Anna Amalias Spuren zu schwer geworden sind, kann seine Tour mit einer historischen Pferdekutsche fortsetzen, die ebenfalls von der Familie Trommler unterhalten wird.

99423 Weimar
Eisfeld 12
Tel.: 03643-401384
Fax: 03643-400047
info@saechsischer-hof-weimar.de
www.saechsischer-hof-weimar.de

Öffnungszeiten
täglich 11:00 – 24:00 Uhr
Januar – Februar
verkürzte Öffnungszeiten
(saisonal bedingt)

Die imposante Herderkirche ist das bedeutendste Kirchengebäude Weimars. Das heutige Bauwerk geht auf eine spätgotische Hallenkirche zurück, die zwischen 1498 und 1500 errichtet wurde. Der Altar wurde 1522 von Lucas Cranach dem Älteren und dem Jüngeren geschaffen und gilt als Hauptwerk der sächsisch-thüringischen Kunst des 16. Jahrhunderts. Den Namen Herderkirche trägt sie nach Johann Gottfried Herder, dem Lehrer und Erzieher der Söhne Anna Amalias, der von 1776 bis 1803 an der Stadtkirche als Pfarrer wirkte und dort begraben ist. Auch Anna Amalias Grablege befindet sich hinter dem Hauptaltar. Die Kirche gehört zum UNESCO-Weltkulturerbe. Vor dem Haupteingang der Herderkirche werfen wir noch einen Blick auf das Denkmal ihres großen Namensgebers und wenden uns dann linker Hand der kleinen *Vorwerksgasse* zu, durch die wir bis zur *Marstallstraße* hinuntergehen und weiter an der östlichen Schlossseite entlang unseren Rundgang gegenüber vom Schlossturm auf dem *Grünen Markt*, dem ehemaligen Gemüsemarkt der Stadt, beende.

Stadtkirche St. Peter und Paul
99423 Weimar
Herderplatz 8
Tel.: 03643-903182
rehm@ek-weimar.de
www.ek-weimar.de
Gottesdienst sonntags 9:30 Uhr

Das *Residenz-Café* ist das älteste, noch bestehende Kaffeehaus Weimars. Seine Geschichte ist eng mit den Anfängen der klassischen Zeit verbunden. Goethe hatte seine erste Weimarer Wohnung von 1776-1777 in dem Gebäude hinter dem Café. Sein Wohnzimmer befand sich in dem Raum, der sich heute den Gästen als „Goethezimmer" präsentiert. Der Hofkonditormeister August Emil Theodor Ißleib, Gründer des *Residenz-Cafés*, war zusätzlich als Hofkonditormeister des Großherzoglichen Hauses tätig.

Das im Wiener Kaffeehausstil eingerichtete Lokal war von Anfang an ein beliebter Treffpunkt der Weimarer Künstler und Intellektuellen. Wer in den Gästebüchern des „Resis", wie das Café von seinen Stammgästen liebevoll genannt wird, blättert, dem begegnen fast auf jeder Seite prominente Namen aus Deutschland und der ganzen Welt. Politiker, Architekten, Künstler, Schriftsteller, Schauspieler und Geschäftsreisende machen zusammen mit den Einheimischen, Studenten und Touristen die „Bunte Mischung" aus, die das „Resi" weit über die Grenzen Weimars hinaus bekannt gemacht hat.

99423 Weimar
Grüner Markt 4
Tel. 03643-59 40 8
Fax 03643-50 25 60
residenz-cafe@mail.de
www.residenz-cafe.de

Öffnungszeiten
Mo – So 08:00 – 01:00 Uhr

Auf einer Anhöhe südlich der Weimarer Innenstadt ließ Anna Amalias Ehemann, Herzog Ernst August von Sachsen-Weimar und Eisenach, zwischen 1724 und 1748 eine barocke Sommerresidenz einschließlich Orangerie sowie einen Lust- und Irrgarten errichten. Die ursprünglich als Jagdschloss genutzte Anlage liegt repräsentativ in einem 43 Hektar großen Park.

Nach dem Tode Ernst Augusts 1748 begannen die Parkanlagen zunächst zu verfallen. Erst mit dem vorübergehenden Einzug Anna Amalias nach dem Brand des Stadtschlosses von 1774 und späteren Sommeraufenthalten der Herzogin erhielten Schloss und Park seine ursprüngliche Bedeutung zurück. Anna Amalias Sohn, der seit 1775 regierende Herzog Carl August betrieb in Belvedere gemeinsam mit Goethe pflanzenkundliche Studien. Bis 1820 entstand ein Botanischer Garten mit circa 7900 in- und ausländischen Pflanzenarten. Seit 1998 wird der Orangeriekomplex in Schritten vollständig saniert.

Am Ende des östlichen Orangeriegebäudes steht ein kleiner Pavillion, der roter Turm genannt wird. Sein Ursprung ist der Rest eines alten, zur Stadtbefestigung gehörenden Wehrturms nördlich des Wittumspalais. Dessen Erbauer, der Minister und Geheimrat Fritzsch, hatte den Turm bereits zum Teil abtragen lassen und im unteren Teil einen Gartenpavillon eingerichtet. Nach dem Schlossbrand verkaufte Fritzsch 1775 Palais und Garten mitsamt dem Turm für 20.000 Taler an die Herzogin Anna Amalia, nachdem diese ihrem Sohn die Amtsgeschäfte übergeben hatte. 1776 pachtete Anna Amalia noch ein weiteres angrenzendes Grundstück in Richtung Erfurter Tor und ließ vom Hofgärtner Gentzsch einen kleinen englischen Garten anlegen. Der Turm wurde, entsprechend der Mode jener Zeit, zu einem chinesischer Pavillon ausgebaut. Die Innenwände wurden vom Leipziger Maler A. F. Oeser mit chinesischen Landschafts- und Figurendarstellungen ausgemalt. Seine Blühte erlebte der chinesische Pavillon nach 1973, als die angrenzenden Stadtmauern abgetragen und der Pavillon nunmehr frei, mit Blicken nach allen Seiten in die umgebende „Landschaft", genutzt werden konnte. Sein Niedergang begann nach dem Tode Anna Amalias ab 1807 mit einer einhergehenden Verwilderung des Gartens. Dieser wurde 11 Jahre später der Stadtentwicklung geopfert, der chinesische Pavillon aber auf Betreiben Goethes abgetragen und hinter den großen Gewächshäusern der Orangerie im Park Belvedere in Anlehnung an die ursprüngliche Bauform des Gartenturms im Wittumspalais neu errichtet, mit einem grandiosen Blick ins Ilmtal und mit den Oeserschen Wandgemälden im Inneren.

Schloss und Park Belvedere

99425 Weimar

Weimar-Belvedere

Öffnungszeiten

28.3. - 15.10. | Di Mi Do Fr Sa So

10:00 - 18:00 Uhr

16.10. - 31.10. | Di Mi Do Fr Sa So

10:00 - 16:00 Uhr

Schloss und Park Tiefurt sind mit dem Auto oder dem Stadtbus von Weimar aus und über den *Ilmtal-Radwanderweg* mit dem Fahrrad oder zu Fuß erreichbar. Eingebettet in einen großzügig angelegten englischen Landschaftsgarten strahlt das vergleichsweise schlichte Schloss eine harmonische Ruhe aus. Geist und Natur bilden in Tiefurt eine enge Symbiose.

1781 übernahm Herzogin Anna Amalia das ursprünglich als Gutspächterhaus errichtete Anwesen und verlegte ihren Sommersitz von Ettersburg nach Tiefurt.

Die Innenausstattung vermittelt im Wesentlichen einen Eindruck vom Zustand zur Zeit Anna Amalias.

In einem ehemaligen Fuhrwerkunterstand beherbergt das Kammergut Tiefurt zudem die Gaststätte „Alte Remise", die in der klassischen Umgebung des Parks mit allerlei Speisen und Getränken zum Verweilen einlädt. Darüber hinaus kann von Juli bis September an den Wochenenden das Sommertheater Tiefurt besucht werden, das in den Abendstunden mit einem umfassenden Programm zu erfreuen weiß.

99425 Weimar-Tiefurt
Hauptstraße 14
Tel.: 03643-545-400
Fax: 03643-41 98 16
info@klassik-stiftung.de
www.klassik-stiftung.de

Öffnungszeiten - Schloss
28.3. - 15.10.
Mo Mi Do Fr Sa So | 10:00 - 18:00 Uhr
16.10. - 31.12.
Mo Mi Do Fr Sa So | 10:00 - 16:00 Uhr
Dienstag geschlossen
November bis März geschlossen
Der Park ist das ganze Jahr
über frei zugänglich.

Auf der der Stadt abgewandten Seite des *Ettersberges* steht das *Schloss Ettersburg*, seit dem 17. Jahrhundert als Jagdschloss dienend. Es besteht aus dem dreiflügeligen *Alten Schloss* und einem freistehenden, den Ehrenhof nach Süden abschließenden repräsentativen Bau mit großer Freitreppe zur Parkseite. Die Herzogin wählte nach 1775 *Schloss Ettersburg* als Sommersitz. Auf ihre Initiative hin entstand um das Schloss eine ansehnliche Parklandschaft. Im Festsaal wurde ein Theatersaal eingerichtet, in dem Aufführungen des Liebhabertheaters stattfanden.

Infolge des Zweiten Weltkrieges wurde das Schloss verlassen und verfiel zusehends. Erst nach vielen Jahren gelang ab 2006 eine umfassende Sanierung der Bausubstanz, die 2008 abgeschlossen werden konnte. Seitdem dient das altehrwürdige Schloss, das zum Welterbe der UNESCO zählt, vor allem als Konferenz- und Tagungsort. Überdies beherbergt es ein Restaurant, ein hochwertiges Hotel und bietet an den Wochenenden die Möglichkeit zu Schlossführungen.

99439 Ettersburg
Am Schloss 1
Tel.: 03643-7428417
info@schlossettersburg.de
www.schlossettersburg.de

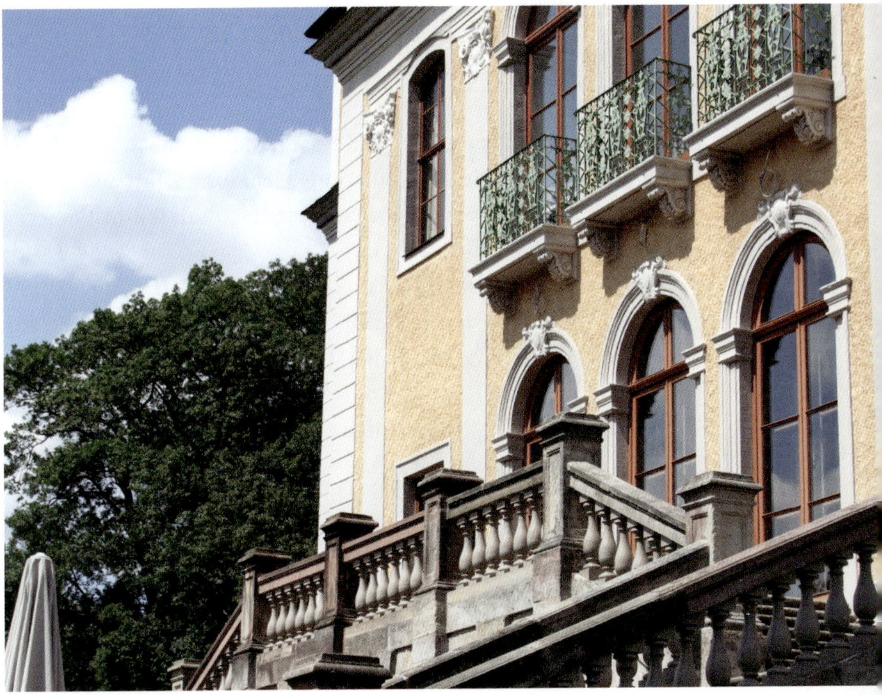

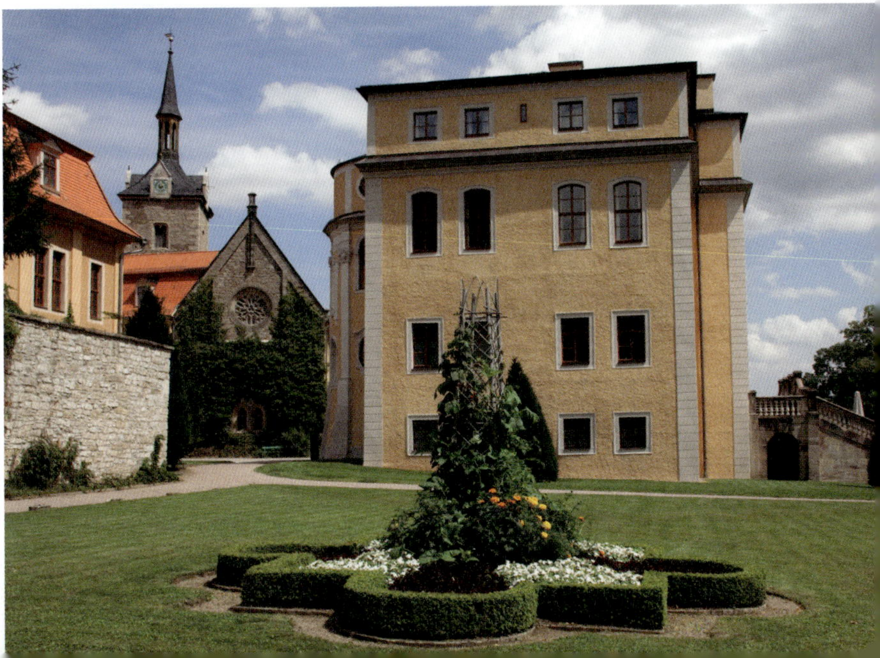

Bildnachweis

Buchblock:
Die Reproduktionen wurden von der Klassik
Stiftung Weimar zur Verfügung gestellt.

Stadtrundgang:
Olga Bétoux: Punkte 1-5, 8-11, 13-14, 16-20
Johannes Bock: Seite 100-101, Punkte 1 (unten),
6, 8 (oben), 15
Verlagsarchiv: Punkt 3 (oben)
Hotel „Amalienhof" / Tobias Adam: Punkt 7
Hotel „Anna Amalia" / Matthias Taubert: Punkt 12
(links)
Hotel „Anna Amalia" / Stefan Streif: Punkt 12
(rechts)